AF199851

Fritz Schäfer

Lotzes Lehre vom Absoluten

Fritz Schäfer

Lotzes Lehre vom Absoluten

ISBN/EAN: 9783744668088

Hergestellt in Europa, USA, Kanada, Australien, Japan

Cover: Foto ©ninafisch / pixelio.de

Weitere Bücher finden Sie auf **www.hansebooks.com**

Lotzes Lehre vom Absoluten.

Inaugural-Dissertation

zur

Erlangung der Doktorwürde

der

hohen philosophischen Fakultät

der

Friedrich-Alexanders-Universität Erlangen

vorgelegt

von

Fritz Schäfer

Pfarramtskandidat
aus Gemünden, Rheinprov.

Tag der mündlichen Prüfung: 31. Oktober 1895

— —

ERLANGEN.

K. b. Hof- und Univ. Buchdruckerei von Fr. Junge Junge & Sohn.

1895.

Meinen Eltern
in liebevoller Dankbarkeit.

Inhalt.

Erklärung der Citate.

M. v. 41 = Metaphysik vom Jahre 1841.
Mikr. = Mikrokosmus III Aufl. 1876 ff.
M. = Metaphysik vom Jahre 1879.
G. = Grundzüge der Metaphysik 1883.
R. = Grundzüge der Religionsphilosophie 1882.
Kl. Schr. = Kleine Schriften. Herausgeg. v. Peipers 1885–1891.
Strschr. = Streitschriften 1857.

Lotzes Lehre vom Absoluten.

Die unendliche, unbedingte Substanz, das Absolute, nimmt eine hervorragende Stelle in Lotzes philosophischem System ein. Es bildet den abschliessenden Gedanken seiner Metaphysik, erhöht sich in der Religionsphilosophie zur Majestät Gottes und beherrscht als die höchste Idee des wahrhaft Guten das Reich der Ethik. Die Gesamtheit der Erscheinungen in Natur und Menschenleben, der ganze Weltlauf steht unter seinem alles beherrschenden Einfluss und repräsentiert sich der denkenden Betrachtung als eine mannigfaltige, wechselvolle Kombination äusserer Manifestationen dieses in steter Belebung des Universums thätigen, in planvoller gesetzmässiger Weise von innen herauswirkenden Geistes. Es ist die Eine absolute Macht, welche sich in der Vielheit aller Einzelwesen unzählige zusammenstimmende Weisen ihrer Existenz gegeben hat und diese seine Modifikationen nach den ihrer eigenen Natur entsprungenen Gesetzen in die mannigfachen Formen ihres endlichen Daseins eintreten lässt. Es ist der ewig schöpferische Urgrund aller Wirklichkeit und die höchste Quelle aller Werte, alles Guten; es ist das absolut Wertvolle, die vollkommenste unendliche Persönlichkeit, die Gottheit und als solche die Liebe.

Wie sich dieser fundamentale Gedankengang in Lotzes grossartiger, von hohem religiös-ethischen Idealismus getragenen, zugleich aber auf der Basis eines nüchternen besonnenen Realismus ruhenden Weltanschauung nun im einzelnen an der Hand seiner Werke systematisch entwickeln und begründen lässt, mag die nachfolgende Untersuchung lehren.

Kapitel I.

Metaphysische Betrachtung.

§ 1.

Begründung des Absoluten.

Die Voraussetzungen, die uns berechtigen, zur Annahme einer einheitlichen alles beherrschenden Idee, des Absoluten, zu schreiten, bietet uns Lotze in der Metaphysik. Seine Erörterungen gehen aus von dem als unerschütterliche Thatsache anzuerkennenden Wirkungszusammenhang der Dinge und suchen ihr Ziel zu erreichen durch die einfache Arbeit der Zergliederung dieses unanfechtbaren Gedankens. Ehe wir jedoch in diese Gedankenentwicklung eintreten, sei es uns vergönnt zur Erklärung der methaphysischen Situation, in der wir uns dabei befinden, einige orientierende Bemerkungen vorauszuschicken. Dieselben betreffen die zum Verständnis der Lotzeschen Auffassung vom Wirkungszusammenhang der Dinge und den sich daran anknüpfenden metaphysischen Konsequenzen unerlässlichen Ausführungen über das Sein und das Wesen der Dinge. Das Sein der Dinge, lehrt Lotze, das unabhängig von aller Wahrnehmung vor, während und nach der Beobachtung in unveränderlicher Weise besteht, zeigt sich uns nicht als eine reine beziehungslose Position, sondern als ein „in Beziehungen stehen." So ist also alles nur seiend, „insofern es eine bestimmte Form des Daseins, der Beziehung zu anderen oder ein Sein in einer Reihe mit anderem Seienden hat" M. v. 41 S. 56. Vergl. Mikr. III 474 M. 27 ff.

Die Natur dieses Seienden nun, das Was oder Wesen der Dinge, das sie zu „Subjekten, Ausgangs- und Endpunkten" für Ereignisse und Beziehungen macht, besteht nicht in einer in ihnen ruhenden Qualität, welche die Dinge im Wechsel ihrer Zustände immer mit sich selbst identisch erhält, sondern in dem stets gleichbleibenden Sinne eines Gesetzes, welches eine Mannigfaltigkeit von Zuständen zu einem abgeschlossenen Gedanken verknüpft, in einer über den Erscheinungen der Dinge schwebenden abstrakten Regel, einem unanschaulichen Etwas, das alle

möglichen Arten ihres Bestandes, die Vielheit ihrer Erscheinungen
zur Einheit verknüpft. „welches ohne selbst Qualität zu sein, die
Qualität in dem Seienden setzt" M. v. 11. 82. Also nicht in einem
festen starren Kern. der die Beständigkeit der Wirklickkeit in sich
trüge und den Namen einer Substanz verdiene. ist das Wesen der
Dinge zu suchen, sondern nur in der Wirklichkeitsform eines Inhalts,
dessen Verhalten uns den Anschein einer in ihm gegenwärtigen
Substanz gewährt; denn „nicht durch eine Substanz sind die
Dinge. sondern sie sind dann. wenn sie einen Schein der Substanz in sich zu erzeugen vermögen." M. v. 41 S. 87.

Die Gesamtheit aller dieser Dinge nun stellt sich uns dar
als die uns erscheinende Welt. und der Weltlauf, wenn er uns
überhaupt begreiflich werden soll. verlangt gebieterisch die Annahme, dass diese Dinge. deren Sein ein „in Beziehungen stehen"
bedeutet. einem Wirkungszusammenhange unterliegen. d. h. „dass
die Veränderungen. die dem einen von ihnen widerfahren. Bedingungen sind. welche auch in dem anderen gewisse Veränderungen herbeiführen oder kurz. dass die Dinge sich nach
einander richten" R. § 14. Vgl. Kl. Schr. III 418.

Dieser Wirkungszusammenhang der Dinge berechtigt uns
daher. das ganze bewegte Spiel der Veränderung innerhalb der
Welt als ein Zusammenspiel der Wandlungen der Einzelwesen
zu betrachten. Von dieser Berechtigung werden wir um so eher
Gebrauch machen dürfen. als wir ja mit Lotze die Natur der
Dinge nicht in einem starren unbeweglichen Kerne suchten.
sondern gerade in der Bewegung. im Wechsel der Erscheinungen.
in einer bestimmten Reihenfolge mannigfaltiger Zustände zum
Ausdruck kommen liessen. Unter diesem Gesichtspunkte lassen
sich die thatsächlichen Verhältnisse folgendermassen darstellen
(Vgl. z. f. M. 81 ff. u. R. § 18 ff.). Das Ding a entwickelt sich
nach dem ihm innewohnenden Wesen in eine entsprechende durch
a a_1 a_2 . . . a_n bezeichnete Formenreihe. Ähnlich finden wir
bei dem Dinge b die verschiedenen Phasen seiner Entwicklung
durch das System β β_1 β_2 . . . β_n bezeichnet. Ein analoges
Bild liesse sich leicht von der Entwicklung aller übrigen Einzeldinge zeichnen. Nun liegt es auf der Hand. dass alle derartigen

Entwickelungen doch Folgen von Ursachen sein müssen, die sich
unseren Blicken noch entziehen, vorläufig aber für a durch die
Bezeichnung x, für b durch die Bezeichnung y angedeutet werden
mögen. x $+$ a wäre dann für uns gleichbedeutend mit a,
b $+$ y wäre identisch mit β, ebenso könnte man umgekehrt für
a x a und für β — x b setzen. Da wir nun mit Lotze das
Sein als ein „in-Beziehungen-stehen" aufgefasst haben, so hindert
uns nichts, in jenen Bedingungen x u. y, welche den Änderungen
der beiden Realen a und b zu Grunde lagen, derartige Beziehungen zu suchen, die zwischen a und b stattfinden und
deren Sein begründen. Darnach erhielte die Entwicklung der
in beiden zeitlich auf einanderfolgenden Zustände eventuell folgende
Interpretation. Die beiden Realen a und b sind d. h. stehen zu
einander in Beziehungen. Dieses Verhältnis hat sofort zur Folge,
dass a auf Grund seiner Beziehung zu b sich in a, b, das nunmehr mit dem neuen a. d. h. mit a, in einem korrespondierenden
Verhältnis steht, sich in β verändert und nunmehr a vermöge
seines Austausches von neuen Beziehungen mit β die neue Gestalt von a_1, später β die von β_1 gewinnt u. s. w., so dass also
wirkliche Zustände des einen Wesens wirkliche Zustände des
anderen zur Folge hätten. Wie dieses nun möglich ist, d. h.
wie ein Geschehen in dem Dinge b die „ratio sufficiens" der
Veränderung von a in a und diese Veränderung wiederum die
„ratio efficiens" zur Verwandlung von b in β werde, ist vorläufig für uns noch ein Rätsel und verhüllt sich noch unter dem
sogenannten Problem des übergreifenden oder transeunten Wirkens.

In ähnlicher Weise, wie wir uns das gegenseitige Wirken
von a und b auf einander mit dem Resultate der Zustandsver-
änderungen in a und β verdeutlicht haben, müssen wir uns auf
der anderen Seite auch den Einfluss von a auf a von a auf a_1
u. s. w. a_n —$_1$ auf a_n und die Wirkung von b auf β, von β auf
β_1 . . . . β_n —$_1$ auf β_n zu veranschaulichen suchen. Denn jeder
frühere Zustand eines Realen darf keineswegs unberücksichtigt
gelassen werden, wenn es sich darum handelt, die konstitutiven
Bedingungen jedes folgenden Zustandes zu finden. Sonst wäre
es ja unbegreiflich, warum nicht gleich a in a_3 oder a_n, b nicht

nicht sofort in β_5 oder β_{n-2} überginge, sondern eine ganz bestimmte Reihenfolge vorgeschrieben scheint, die nach einer gewissen gesetzmässigen Ordnung die verschiedenen Veränderungen $a\ a_1\ a_2\ \ldots\ a_n$ und $\beta\ \beta_1\ \ldots\ \beta_n$ in sich aufzunehmen hat. So sehr wir uns infolgedessen davon überzeugen müssen, dass jede Willkür aus diesen Entwicklungsreihen zu verbannen ist, so offen müssen wir es uns auch auf der anderen Seite eingestehen, dass es uns vollkommen unklar ist und bleibt, wie diese Folgezustände nach einer bestimmten Richtung hin sich entwickeln, wie dieses innerhalb der Dinge sich vollziehende „immanente Wirken" vor sich geht. „Man muss sich daher begnügen, dieses immanente Wirken als eine . . . . . nicht weiter erklärbare, aber doch innerlich widerspruchslose und in der Wirklichkeit gegebene Thatsache einfach anzuerkennen." R. § 17.

Durften wir vorher nach dem vorläufigen Ergebnis unserer Erörterungen über das „transeunte Wirken" sagen, durch den Einfluss von b entsteht aus a a, durch den Einfluss von a entsteht aus b β, so müssen wir nun mit Rücksicht auf die festgestellte Thatsache des konkurrierenden „immanenten Wirkens" unsere Ansicht dahin modifizieren, dass wir a nicht bloss als eine direkte Folge von b, sondern als das Produkt eines doppelten Wirkens betrachten, das einerseits in b, andererseits aber auch in a seinen Ausgangspunkt hat. Denn dasselbe mit denselben Kräften ausgestattete b bringt in seiner Beziehung auf a eine ganz andere Wirkung hervor als in seiner Beziehung auf c oder d. Im ersten Falle finden wir als schliessliches Ergebnis a, im zweiten und dritten aber analog γ oder δ vor. Wir halten darum daran fest, dass die Erzeugung von a auf einem thätigen Zustandsänderungen herbeiführenden Zusammenwirken zweier Elemente d. h. einer Kombination von transeuntem und immanentem Wirken beruht, die sich beide zur Erzielung eines Resultates innerlich mit einander zu einer Wechselwirkung verknüpfen. Denn „kein Ding ist in dem Sinne passiv oder receptiv, dass es irgend einen fertigen Zustand als Zugabe zu seiner Natur von aussen aufnehmen könnte: zu allem, was in ihm als Zustand entstehen soll, liegt eine wesentliche und unentbehrliche

Mitbedingung in seiner eigenen Natur: nur mit dieser zusammen kann ein äusserer Anstoss den vollständigen Grund bilden, welcher Art und Form der entspringenden Veränderung bestimmt. So lange wir überhaupt durch die früher erwähnte Eigentümlichkeit der Fälle einiges Recht haben, nur ein Wesen b vorzugsweise als die Ursache, ein zweites a als den Träger oder Schauplatz der ganzen Wirkung zu betrachten, werden wir sogar finden, dass die Gestalt der von b erzeugten Wirkung in ganz überwiegendem Masse von der Natur des a abhängt, welches sie erleidet; nur zu Formen des Geschehens, die dieser seiner Natur nützlich und angemessen sind, lässt a sich durch äussere Einflüsse zwingen und fast nur die Bestimmung der Grössenwerte, mit denen diese Ereignisse auftreten sollen, ist von den entsprechende Verschiedenheit der äusseren Reize abhängig". M. 115 f.

Doch haben wir hiermit das Gebiet der Wechselwirkung erst umgrenzt, den terminus a quo und den terminus ad quem bestimmt und uns erst formell über die Natur des Wirkens verständigt. Einen Blick in den inneren Vorgang, das wahre Wesen desselben zu werfen, wird uns dann erst vergönnt sein, wenn wir uns an der Hand unseres Philosophen mit verschiedenen dieses schwierige Problem behandelnden Theorien auseinandergesetzt und uns so das Auge für die sich uns darbietende Aussicht in die thatsächlichen Verhältnisse geschärft haben.

Vor uns liegen wiederum die beiden Realen a und b, die mit einander in Beziehungen stehen. Dem a gelingt es, wie die einen sagen, irgendwie affizierend auf seinen Nachbar zu wirken, und zwar sichert es sich diesen Erfolg dadurch, dass es „die Kraft, die Wirkung oder den Zustand e" nach b übergehen lässt. (M. S. 113 Vgl., hierzu u. z. f. M. v. 41 S. 107 f, G. v. 1883 § 42 ff.)

Diese Meinung aber ist sofort widerlegt, wenn man bedenkt, dass nach einem alten unerschütterlichen Grundsatz der Metaphysik „attributa non separantur a substantiis", es ein Ding der Unmöglichkeit wäre, dass ein „Zustand e sich von dem Dinge a, dessen Zustand es war, so ablöst, dass er einen, wenn auch unendlich kleinen Augenblick lang zwischen a und b als Zustand, aber als niemandes Zustand, bestehen und dann sich mit b verbinden könnte, um nun dessen Zustand zu werden." Abgesehen davon wäre die vorliegende Schwierigkeit auch schon deshalb keineswegs gelöst, weil das Problem durch obige Erklärung nur von einem Punkte nach einem andern verschoben wäre.

Denn der Vorgang des Wirkens zwischen a und b, der durch das Hinüberspielen des Zustandes c von a nach b eine relative Erklärung oder Verdeutlichung erfahren haben mag, tauchte sofort in einer neuen Gestalt mit derselben Erklärungsbedürftigkeit wie früher wieder auf, diesmal zwischen a und c. Und es entsteht die alte Frage, wie ist der Prozess des Wirkens zwischen a und c zu erklären? Wie kommt a dazu, auf c so zu wirken, dass es sich von ihm trennt und sich eine neue Heimat in b zu suchen beginnt? Und warum schlägt es gerade den Weg in der Richtung nach b ein? Die ganze Welt stand ihm ja offen: wer hätte es darum hindern können, mit c oder d anstatt mit b in Verbindung zu treten? Ebensowenig ist ferner abzusehen, warum nun auch gerade b sich so receptiv verhält, dass es als Zugabe zu seiner eigenen Natur den Zustand c ohne weiteres aufzunehmen vermag. Wir stünden also wiederum vor einer neuen Wirkung, die stattzufinden hätte zwischen c und b und die für uns ebenso unerklärlich wäre wie die zwischen a und b und a und c. Zur Erklärung einer Schwierigkeit wären also nach dieser Meinung stillschweigend zwei neue verwandt, deren Natur uns dieselben unerklärlichen Verhältnisse darböte, wie es die erste that. Der menschliche Geist ist daher genötigt, sich unbefriedigt von diesem Erklärungsversuche abzuwenden und sich nach einer anderen brauchbareren Annahme umzusehen. In dieser Verlegenheit bietet ihm der Okkasionalismus seine trügerische Bundesgenossenschaft an mit dem Vorschlage „den Weltlauf als eine Reihe von Ereignissen zu betrachten, deren jedes für das andere nur Gelegenheit oder Signal seines Eintretens sei, keines aber das andere bewirke", G. § 13. Damit ist jedoch die Lösung des Problems auch nicht um den kleinsten Schritt gefördert. Denn die Behauptung, die zwischen a und b eintretende Beziehung c

sei anzusehen als die Gelegenheit, die a und b ergreifen, um sich
in α und β zu verwandeln, giebt einem auf sie gegründeten Be-
weisverfahren einen tautologischen Schein und enthält weiter
nichts in sich als den Hinweis auf etwas „Unerforschliches", eine
„Theorie des Unerforschten" (§. § 43 bietet sie aber nicht. Sie
versäumt es nämlich, uns zu beweisen, wodurch denn eigentlich
die Beziehung e sich in eine derartige wirkungsreiche Gelegenheit
zu verwandeln imstande ist.

Eine andere Form des Okkasionalismus sucht diese Lücke
auszufüllen und erinnert an ein allgemein und notwendig gelten-
des Naturgesetz, das den Grund dafür abgebe, dass, sobald a.
und b in die Beziehung e zu einander getreten sind, die Folge
f sich bemerkbar machen müsse. Denn keine Kraft der Welt
sei imstande, eine auf allen erforderlichen Bedingungen beruhende
Entwicklung in ihrem Gange aufzuhalten. Freilich, sagt Lotze,
hat dieser Gedanke an eine allgemein verpflichtende Norm angesichts der thatsächlich vorhandenen Gesetzmässigkeit des Geschehens
etwas Bestechendes, einen letzten zureichenden Grund der Wechselwirkung jedoch enthält er zur Befriedigung unseres Denkens
keineswegs. Denn man hat „kein Recht, die Giltigkeit des Gesetzes als eine für sich denkbare Thatsache zu betrachten, an
die sich die eintretende Erfüllung nur als notwendige Folge
knüpfte: sie ist vielmehr gar nichts als die beobachtete oder er-
wartete Erfüllung selbst, und wir würden auf den nutzlosen Satz
zurückgeführt: überall, wo das Gesetz sich erfülle, erfülle es sich: wie
es aber zu diesem Erfolge käme, bliebe völlig unerklärt". (M. 123 f.)
Da also das allmächtige Naturgesetz nicht ein Ding von selbst-
ständiger, objektiver Bedeutung sein und mit anderen Dingen
Wirkungen austauschen kann, sondern nur eine mathematische
Formel ist, die wir aus dem beobachteten Verhalten der Dinge
selbst kennen gelernt haben, die aber jedesmal erfüllt wird, sobald z. B. die Dinge a und b in die Beziehung e getreten sind,
so werden wir schliesslich auf die Dinge selbst zurückgeführt,
um in ihnen selbst vorläufig den eigentlichen Grund dessen zu
suchen, um dessen Erklärung wir uns bemühen. Denn sie sind
es doch schliesslich, welche den einzelnen Geboten des Gesetzes

die Verwirklichung geben, welche sich anders verhalten, wenn
sie in der Beziehung ε, und wiederum ganz anders, wenn sie unter
sonst ganz gleichen Umständen in der Beziehung e sich befinden.
So kommen wir immer mehr dazu, das grösst möglichste Be-
stimmungsrecht ihres Verhaltens den Dingen selbst zu übertragen.
Und die Vermutung liegt uns sehr nahe, dass sie sich doch
eventuell selbst Rechenschaft ablegen müssen über ihr verschiedenes
Verhalten, und dass sie selbst etwas von der Thatsache der Beziehung merken. Oder anders ausgedrückt: „was wir hier die
infolge der Beziehung eintretende Wirkung nennen, das ist in
der That nur die Rückwirkung auf eine andere ihr vorangehende
Wirkung, welche die Dinge bereits von einander erfahren hatten
und die wir irrtümlich für eine bloss bestehende, noch nicht
wirksame und die Wirkung bloss einleitende oder bedingende
Beziehung ansahen." M. 124.

Sind wir hiermit bereits in die Nähe des von Lotze ge-
wonnenen Resultates gelangt, so müssen wir es uns doch noch
versagen, den vorgezeichneten Weg zum Ziele direkt zu verfolgen.
Vielmehr sehen wir uns genötigt, zur Stärkung unserer Position
zuerst noch einigen anderen okkasionalistisch gefärbten Theorien
polemisch zu begegnen und sie in ihrer Unhaltbarkeit zu erweisen.
Zunächst tritt uns die von Leibniz aufgestellte Annahme einer
prästabilierten Harmonie entgegen. Gesetzt dieser Gedanke des
genialen Philosophen, argumentiert Lotze, entspräche wirklich
den thatsächlichen Verhältnissen, so wäre konsequenterweise die
einfache Erwägung gestattet, dass zwei Monaden a und b, die
nach gewissen vorbereitenden Entwicklungsläufen zum Schluss zu
einer gemeinschaftlichen Wirkung zusammentreffen, innerhalb ihres
gesonderten Entwicklungsganges eine gewisse vorausbestimmte
Geschwindigkeit inne zu halten hatten, um in dem bestimmten
Augenblicke durch ihre getrennte Entwicklungsthätigkeit soweit
gefördert zu sein, dass das Zusammentreffen der erforderlichen
Zustände nunmehr ein bestimmtes korrespondierendes Verhältnis
ermöglicht, ein Wirken verursacht, das die vorgeschriebene Wirkung
habe. Darnach wäre also eine Entwicklungsgeschwindigkeit anzunehmen, von der a in der Weise Gebrauch zu machen habe,

dass es nach derselben Zeit, in welcher b nach verschiedenen Phasen z. B. sich in β_n verwandelt hat, sich in der Gestalt von a_n zeigen und also zur rechten Zeit unter dieser Form mit β_n zur Erzielung eines gemeinschaftlichen vorherbestimmten Resultates in Korrespondenz treten kann. Diese vorausbestimmte, streng geordnete, und genau einzuhaltende Entwicklungsgeschwindigkeit aber wäre ein fremder Blutstropfen in der Natur der Wesen und träte in das immanente Wirken als etwas Grundloses, Unnatürliches ein, ein Umstand, der dieser Art okkasionalistischer Erklärungsweise ein gar zu gekünsteltes Aussehen verleihen, das Wirken und Bewirken zur Illusion machen würde und die gesamte Interpretation des Wirkens ebensogut und ebenso schlecht auch dahin zusammenfassen liesse: „Alles sei von Anfang an so eingerichtet, dass die Welt genau so sein müsse, wie sie ist" M. 130. Und nur soviel lässt sich für die Brauchbarkeit dieser Auffassung sagen: „wenn der Ablauf aller auch der kleinsten Ereignisse unabänderlich prädestiniert feststünde, würde die Annahme einer prästabilierten Harmonie zwar auch dann nichts erklären, aber doch die Thatsache leidlich bezeichnen" Mikr. III 485.

Auch durch das berühmte von Geulinx und Leibniz in diesem Zusammenhang gebrauchte Beispiel der zwei gleichgehenden Uhren, durch welches ein transeuntes Wirken der Dinge in der Welt und seine Möglichkeit deutlich veranschaulicht werden soll, lässt sich Lotze in seiner abweisenden Stellung nicht erschüttern. Denn „nur der Ort des transeunten Wirkens ist durch diese Vergleichung verschoben, nicht seine Entbehrlichkeit für die Korrespondenz der Ereignisse bewiesen" (M. 131), und innerhalb des Systems der einzelnen Uhren, dessen verschiedene mit einander verbundenen Teile nach den allgemeinen mechanichen Gesetzen zu gemeinsamer Thätigkeit sich vereinigen müssen, breitet sich ein neuer Schauplatz eines transeunten Wirkens aus, das ebenso rätselhaft und unerklärbar für uns wäre wie das durch die angestrebte Beweisführung scheinbar aufgehobene und erklärte. Nur dann wäre dem menschlichen Streben bei diesen Versuchen geholfen, wenn wir uns entschliessen könnten, unsere Weltansicht geradezu einem lückenlosen Determinismus zu unterwerfen, „der

die Gesamtheit des Weltinhaltes bis auf seine geringsten Züge
vorherbestimmt denkt" M. 135.

Mit dieser Annahme einer starren eisernen Notwendigkeit
aber vermag sich die lebensvolle, eine relative Freiheit der Einzelwesen und freie Anfänge im Weltzusammenhang möglichst er-
haltende Philosophie Lotzes nicht zu befreunden. Selbst zwei
mildere, dieses starre Gepräge ablegende, G. § 44 erwähnte
Ansichten okkasionalistischer Färbung vermögen seine Sympathie
nicht zu gewinnen. Die eine derselben begnügt sich mit einer
bloss „allgemeinen hypothetischen Prädestination", nach welcher
jedesmal, „wenn irgend ein a geschieht, dann allemal ein bestimmtes β folgen solle". Die andere statuiert eine „beständige
Assistenz Gottes (assistentia oder concursus dei)", vermöge deren
dieses höchste alles beherrschende Wesen jeden Augenblick mit
den Einzeldingen in Konnex trete und den Betrieb eventueller
Wirkungen jedesmal persönlich in seine Hand nähme. Die Natur
des Wirkens jedoch bleibt für Lotze ebenso unerklärt wie vorher. Denn auf der einen Seite müssen wir fragen, wer setzt ein
Ding b denn davon in Kenntnis, dass sich ein anderes a den
Zustand a genähert hat und infolgedessen im nächsten Moment
die conditio sine qua non gegeben ist, auf Grund deren seine
eigene Veränderung in β erfolgen darf und muss? Auf der anderen
Seite aber finden wir wiederum anstatt einer anscheinend er-
klärten Wirkung zwei unerklärte. Denn der Zustand a kann
nur durch eine besondere Wirkung dem alsbald in Aktion treten-
den Gotte bemerkbar werden, worauf dann wiederum eine neue
zwischen Gott und dem Dinge b erfolgende der Förderung des
Zustandes β entgegenkommende Wirkung einzutreten hat.

Keiner von allen diesen vorliegenden Erklärungs- oder Um-
deutungsformen des transeunten Wirkens vermag also Lotzes
Kritik eine überzeugende Beweiskraft zuzusprechen. Doch lässt
sich unser Denker durch dieses Ergebnis keineswegs dazu ver-
führen, an der Möglichkeit einer richtigen, das Denken allseitig
befriedigenden Lösung des in Frage stehenden metaphysischen
Problems zu verzweifeln. Im Gegenteil: schon im Laufe der vor-
vorhergehenden polemischen Erörterungen hat er uns vielfach Ge-

legenheit geboten, von verschiedenen Punkten aus trotz der uns
umgebenden dunkeln, unaufgeklärten Rätsel mit guter Zuversicht
einen ahnungsvollen Blick nach der Richtung hinzuwerfen, in
der sich sein eigener verheissungsvoller Lösungsversuch bewegen
würde. Häufig fühlten wir uns dabei an ein sicheres Ergebnis
früherer Auseinandersetzungen erinnert, welches gebot, an dem
sogenannten immanenten Wirken der Dinge als an einer zwar
nicht bis in ihre letzten Gründe zu erklärenden unbeanstandeten
Thatsache, als an einem Grundvorgang festzuhalten. Dabei ist
wohl auch der lebhafte Wunsch rege geworden, jenen anderen
Zweig des Wirkens das bisher immer problematisch gebliebenen
und durch alle Erklärungsversuche nicht zu eliminierende transeunten Wirken unter einen jenem immanenten Wirken analogen
Gesichtspunkte betrachten zu dürfen und auf diese Weise vielleicht
eine endgültige Beseitigung aller vorhandenen Schwierigkeiten vor-
bereiten zu können. Und in der That, in seinen positiven Auseinandersetzungen über diesen Gegenstand bemüht sich unser
Philosoph seine Argumentation den diesen Erwartungen entsprungenen Gedankenkreisen genau anzupassen. Er führt uns
zurück in das erste Stadium unserer Weltbetrachtung, erinnert
uns an unsere ursprüngliche Vorstellung einer Vielheit von Dingen,
charakterisiert deren Sein noch einmal als ein in Beziehungen
stehen, illustriert den Thatbestand des Wirkungszusammenhangs
durch den einzig möglichen Gedanken, dass eine Potenz anregend
und gleichsam anfragend an die andere herautritt, worauf die
letztere mit der korrespondierenden Antwort aus sich heraus
reagiert, und schliesst endlich mit den Worten: „wenn a auf ein
jetzt vorhandenes, früher aber nicht vorhandenes oder auf ein jetzt
in einer Beziehung b zu a stehendes, früher aber nicht stehendes b
eine Wirkung ausüben soll, die es früher nicht ausübte, so reicht
es nicht hin, dass b jetzt da ist, sondern a muss von dieser neuen
Thatsache etwas merken" G. § 47, d. h. das zwischen a und b ob-
waltende Verhältnis muss in beiden Elementen als eine bereits vor-
handene Thatsache erfahren oder erkannt sein, ehe überhaupt eine
darauf basierende Wirkung zwischen ihnen entstehen kann. Sie
müssen also bereits vorher gewirkt haben, ehe die Wirkung, die

wir hier im Auge haben, in die Erscheinung treten kann. Auf diese
Weise zeigt jede einzelne Wirkung rückwärts auf eine vorhergehende
und vorwärts auf eine folgende also auf eine geschlossene lückenlose
Reihe von Wirkungen hin, so dass wir uns also vor die „niemals unterbrochene Thatsache" einer Wechselwirkung gestellt
sehen, die endlos nach Vergangenheit und Zukunft hin sich aus-
dehnt, deren Anfang weder noch deren Ende wir zu bezeichnen
imstande sind und die wir am besten uns vorzustellen vermögen
als ein „beständiges Wirken", innerhalb dessen sich nur „die Form
der einzelnen Wirkungen" ändert. Vgl. Kl. Schr. III 120. Dieses
beständige Wirken, dieser lückenlose Zusammenhang einer zwischen
den Dingen unablässig sich vollziehenden, freilich nach ihrer Art
und Stärke sich mannigfaltig abstufenden Wechselwirkung weist
uns gebieterisch auf einen gemeinschaftlichen, einheitlichen Ausgangspunkt derselben zurück und nötigt uns infolgedessen von
einer absoluten, den einheitlichen Zusammenhang durchbrechenden
Selbständigkeit der Dinge ganz und gar abzusehen. Denn eine
isolierte Stellung der Elemente, denen wir die Macht einräumten,
unabhängig von einander in ungestörter Weise ihr Thun und Lassen
zu normieren, gäbe uns keinen Schlüssel zum Verständnis des
von uns vorgefundenen Wirkungszusammenhanges und schlösse von
vornherein jede Möglichkeit einer geordneten Verknüpfung von
Beziehungen aus. Es bleibt uns daher nur ein Ausweg übrig,
der allein uns dem erstrebten Ziele entgegen führen kann. Alle
Dinge müssen wir nämlich, unselbständig und abhängig wie sie
sind, mit allen ihren Erscheinungen und Zuständen einer sie alle
umfassenden Einheit unterwerfen, müssen sie als Modi oder
Modifikationen eines „All-Einen" betrachten und ihre Wechselwirkung als Sympathie von Endlichem zu Endlichem vermitteln
durch die Beschlossenheit aller in dem alles in sich hegenden
Urgrund des Unendlichen. Denn „es kann nicht eine Vielheit
von einander unabhängiger Dinge geben, sondern alle Elemente,
zwischen denen eine Wechselwirkung möglich sein soll, müssen
als Teile eines einzigen wahrhaft Seienden betrachtet werden."
M. 137 oder wie sich Lotze Mikr. III 185 f. ausdrückt: Un-
umgänglich erschien es uns, diese Trennung aufzuheben und in

einer substantiellen Wesensgemeinschaft aller Dinge die Möglichkeit zu suchen, dass die Zustände des einen wirksame Gründe der Veränderung des anderen sind. Nur wenn die einzelnen Dinge nicht selbständig oder verlassen im Leeren schwimmen, über das keine Beziehung hinüberreichen kann, nur wenn sie alle, indem sie alle Einzelheiten sind, doch zugleich nur Teile einer einzigen sie alle umfassenden, sie innig in sich hegenden unendlichen Substanz sind, ist ihre Wechselwirkung auf einander oder das, was wir so nennen, möglich. Denn nur dann wird die Veränderung, welche eines von ihnen erfährt, zugleich ein Zustand des Unendlichen sein und nicht nötig haben, über eine ausfüllbare Kluft hinüber diesen Zustand erst zu erzeugen: nur dann kann die Folge, die in dem Unendlichen gemäss der Wahrheit seiner eigenen Natur aus jenem Zustand entspringt, zugleich als eine Veränderung anderer einzelner Dinge erscheinen, ohne eines neuen Hergangs zu bedürfen, welcher sie in ihnen hervorbrächte". Darnach ist also die Annahme einer beständigen, substantiellen Einheit aller Elemente unerlässlich und wir haben kein Recht mehr, ihre Existenz zu bezweifeln, selbst wenn wir eine sogenannte Ordnung zu Hülfe riefen, von der sich — es sei einmal zugestanden — wirklich begreiflich machen liesse, dass sie in Wahrheit existiere und sich erhalte. Denn ihre Kräfte reichten nicht hin, um die beständige Verknüpfung der wechselnden Begebenheiten zu begründen. „Dazu gehört, dass in jedem Element a, welches auf ein anderes b die Wirkung w ausüben soll, jene Eine Substanz ebenso wie in allen anderen Elementen vorhanden sei und zugleich, indem es von b ebenso gut leidet, dem a bemerkbar macht, dass der Fall der Notwendigkeit der Wirkung w jetzt vorliege". R. § 55 Strschr. 111 Vgl. Kl. Schr. III 216. Alle Beziehungen zwischen den Dingen sind also in Wahrheit keine Beziehungen in den Dingen, sondern hinter und über den Dingen im Unendlichen oder dem Absoluten zwischen seinen Funktionen. Der anfängliche Pluralismus unserer Weltansicht hat darum einem Monismus Platz zu machen (vgl. R. § 20), durch welchen das stets unbegreifliche transeunte Wirken in ein immanentes übergeht. Und die volle Wirklichkeit eines unendlichen

Wesens, das im Centrum dieser monistischen Weltauffassung steht, dessen innerlich gehegte Teile alle endlichen Dinge sind, hilft uns leicht über die Schwierigkeiten und Rätsel eines Pluralismus hinweg und leistet uns hinreichende Bürgschaft für die unumstössliche Wahrheit unserer so lange vergeblich gesuchten und nun endlich klar vor uns liegenden Lösung jenes schwierigen Problems des transeunten Wirkens. Nur das Unendliche, das Absolute ist imstande, die Mannigfaltigkeit der Welt so zu verknüpfen, dass die Wechselwirkungen über die Kluft hinüberreichen, welche die einzelnen selbständigen Elemente von einander ewig scheiden würde. Denn von dem Einen ausgehend versinkt nun die Wirkung nicht in ein Nichts, das zwischen ihm und den anderen läge, sondern wie in allem Sein das wahrhaft Seiende dasselbe Eine ist, so wirkt in aller Wechselwirkung das unendliche Wesen nur auf sich selbst, und seine Thätigkeit — eine immanente Wechselwirkung seiner Funktionen unter einander — verlässt nie den stetigen Boden des Seins. Bei diesem abschliessenden Gedanken, der den Schauplatz der Wechselwirkung der Einzelwesen in das Innere eines sie zu einer einheitlichen Totalität verknüpfenden Absoluten verlegt und diese nunmehr selbst in der verständlichen Form eines immanenten Wirkens auftreten lässt, darf unser Denken beruhigt Halt machen. Wir sind damit auf eine Höhe gelangt, von der aus unser Auge das ganze Universum beherrscht. Höher hinauf brauchen wir nicht zu dringen, unsere menschlichen Kräfte würden doch jetzt versagen. Und wir dürfen uns auch damit begnügen, nunmehr von der erreichten Höhe aus unser ganzes Interesse auf die vor uns liegende Aussicht zu konzentrieren, und uns zunächst der Veranschaulichung des vorgefundenen Verhältnisses zwischen dem Absoluten und seinen Modifikationen zuzuwenden.

Nennen wir jene einzige wahrhaft seiende Substanz M.: a und b seien Einzelwesen, die innerhalb der Einheit des sie umfassenden M als Modifikationen dieses, des Absoluten, betrachtet werden dürfen; μ stelle die Summa aller übrigen Einzeldinge dar, welche a und b zur Einheit M ergänzen. Da nun die Mannigfaltigkeit der Elemente von Anfang an ein abgeschlossenes System bildet, das in seiner Ganzheit gefasst ein Ausdruck der vollen Natur des Einen ist, und wir die Summe des Wirklichen als eine geschlossene Formel vorstellen müssen, deren jedes Glied die Summe aller übrigen zum vollen abbildlichen Wert des gemeinsamen Grundes aller ergänzt, so dürfen wir mit Hülfe obiger Bezeichnungen, und wenn wir unter q die zwischen a b r bestehenden Beziehungen verstehen wollen, zur Illustration der Thätigkeit des allseitig wirkenden Absoluten folgende Formel aufstellen:

$$M = q \ (a \ b \ r). \quad \text{Vergl. M. 138.}$$

Lassen wir nun aus irgend welchen Gründen das Ding a sich in a verändern, so wäre es offenbar durchaus unzulässig, zur Bestimmung der nunmehrigen Natur des Absoluten innerhalb unserer Gleichung einfach a mit a zu vertauschen und alle übrigen Bestandteile in ihrer alten Form weiterzuführen. Denn damit der Wert von M erhalten bleibe und durch die Veränderung von a nicht beeinträchtigt werde, muss eine kompensierende Änderung in den übrigen Gliedern b und r eintreten. Diese Kompensationen nimmt M selbst in seinen Modifikationen vor. Das Resultat dieser seiner ausgleichenden Thätigkeit ist daher die Verwandlung von b und r in β und ϱ. Anscheinend wird dieser Erfolg erzielt auf Grund der Veränderung von a, das in seiner neuen Gestalt a auf b und r scheinbar einen umgestaltenden Einfluss auszuüben vermag. In Wahrheit aber wirkt nur M auf sich selbst, d. h. gewisse Vorzustände des M innerhalb der Wesenseinheit des M bringen Folgezustände hervor, die um der Natur des M willen ihre konsequente Folge sind Unsere obige Formel also würde sich nach durchgängiger Veränderung aller Einzelelemente zu verwandeln haben in die Gleichung $M = q \ (a \ \beta \ \varrho)$. „Unsere frühere Vorstellung einer Vielheit ursprünglicher Wesen von unbedingter Setzung und unabhängigem Inhalt, die nur nachher zu veränderlichen Wechselwirkungen zusammengerieten, geht daher in die andere Vorstellung einer Vielheit von Elementen über, deren Dasein und Inhalt durchaus bedingt ist durch die Natur und Wirklichkeit des Einen Wesens, dessen unselbständige Glieder sie sind, dessen Selbsterhaltung sie alle unter einander in eine unablässige Beziehung auch gegenseitiger Abhängigkeit setzt und nach dessen Gebot sie, ohne einen Widerstand leisten oder eine

Hülfe gewähren zu können, die sie ihrer eigenen selbständigen
Realität verdankten, in jedem Augenblick sich so ordnen, dass der
Gesamtinhalt der Welt einen neuen identischen Ausdruck desselben Sinnes gewährt, eine Harmonie, die nicht prästabiliert ist,
sondern in jedem Momente sich durch die Kraft des Einen wieder-
erzeugt" M 139 f. Vgl. Mikr. II 44 ff.

Somit wäre unsere Untersuchung nach Abweisung verschiedener
Erklärungen des zwischen den Dingen sich vollziehenden Wirkens
durch einfache Zergliederung des Gedankens eines thatsächlich
vorhandenen Wirkungszusammenhangs zur Annahme einer Wesensgemeinschaft der Dinge gelangt, die als letzten Grund des Geschehens zu gelten hat und uns als ein transeuntes Wirken
zwischen den Dingen erscheint, in Wirklichkeit aber die selbst-
thätige Wirksamkeit, das immanente Wirken einer Macht, eines
Wesens, des Absoluten ist, das in zusammenfassender Einheit
alles Geschehene in sich verknüpft. Jede Erregung des Einzelnen
ist daher zugleich eine Erregung des ganzen Unendlichen, das
auch in ihm den lebendigen Grund seines Wesens bildet, und jedes
Einzelwesen vermag deshalb auch mit seiner Wirkung überzu-
greifen auf das Gebiet eines anderen, in welchem derselbe Grund
lebt.

Das erste Ziel, das wir uns gestellt hatten, haben wir hiermit erreicht. Die denknotwendige Annahme des Absoluten ist
durch unsere metaphysische Erörterung hinreichend fundamentiert
und das Recht uns gesichert, dieses Postulat zum Ausgangspunkt
weiterer Untersuchungen zu machen. Bevor wir jedoch in dieselben eintreten wollen, sei es uns erlaubt, über die Verschiedenheit der Quellen, aus denen wir geschöpft haben, eine kurze
Betrachtung hier in die Darstellung einzufügen. Es handelt sich
hauptsächlich um den Unterschied zwischen der Metaphys. v. H
auf der einen und den späteren Schriften Lotzes auf der anderen
Seite. Was nun die metaphysische Begründung der Lehre vom
Absoluten angeht, so haben wir uns dabei besonders auf die Ausführungen in Mikr. 3. Aufl., Metaph. v. 79 und G. v. 83 gestützt,
da hier die zu berührenden Verhältnisse in der ausführlichsten
und deutlichsten Weise zur Sprache kommen. Doch geschah dies

nicht, weil wir die Metph. v. 11 vielleicht als ganz unbrauchbar
für unseren Zweck hätten bei Seite legen müssen oder gar direkte
Widersprüche mit den späteren Schriften in ihr entdeckt zu haben
glaubten. Denn wir haben allen Grund, die volle Übereinstimmung
dieses Buches mit dem Geiste des späteren Lotze und seinem
teleologischen Idealismus ausdrücklich zu betonen. Trotzdem
konnten wir thatsächlich im vorhergehenden kaum darauf zurück-
greifen, da sie uns für die Begründung des Absoluten und dessen
notwendige Herleitung aus dem Begriff der Wechselwirkung keine
Anhaltungspunkte bot, ja sogar von dem Absoluten, sowie wir
es bisher aufzufassen gewöhnt sind, an keiner Stelle redet. Da
nämlich, wo wir im vorhergehenden zur Erklärung des bestehenden Wirkungszusammenhangs der Dinge stets uns auf das allum-
fassende Absolute angewiesen sahen, macht Lotze in seiner
kleinen Metaphysik einen Sprung und greift überall direkt auf
den Zweck, auf das Seinsollende zurück, das den Urgrund alles
Seins und Geschehens bildet. Dieses ist ihm das allein Feste
und Unerschüttliche im Wechsel der Erscheinungen; und in Rücksicht darauf sagt er S. 119: „Diejenige Position, die von uns
nicht wieder zurückgenommen wird, gehört daher demjenigen,
von dem sich zeigen lässt, dass es sein soll, und eine Seite vorher: „Alles was wirklich sein soll, muss daher in einer Zweckbeziehung enthalten sein, auf den Grund der Gründe allein hin
würde eine zahllose Möglichkeit verschiedener Welten des Geschehens sich denken, die bewirkenden Ursachen würden in
unberechenbarer Mannigfaltigkeit anders kombiniert in das Verhältnis der Kausalität sich einreihen lassen: aber alle diese Welten
bleiben nur mögliche: damit diese bestimmte Auswahl des Möglichen wirklich werde, die als Thatsache der Erfahrung uns vor-
liegt, dafür bedurfte es eines seinsollenden Zwecks, dessen Be-
stimmtheit das ihm entsprechende Seiende in die Beziehung der
Kausalität zu einander brachte". Wir sehen also, der letzte
Zusammenhang der Dinge entspringt darnach einer Zweckbeziehung,
in der alles seinen Grund haben muss, und nach der alle Einzelwesen und Erscheinungen teleologisch geordnet und verbunden
sind." Das ist nun kein Gedanke, welcher die kleine Metaphysik

spezifisch von andern Schriften Lotzes unterscheidet. Im Gegen
teil: ihn hat unser Philosoph niemals aufgegeben: er ist
charakteristisch für sein ganzes System, für seine gesamte Philosophie, einerlei aus welcher von seinen zahlreichen Schriften sie
uns entgegen treten mag. Wohl aber können wir sagen, dass er
dieser Auffassung in seinen späteren Schriften eine breitere Grund-
lage gegeben und insofern thatsächlich eine Entwicklung durch-
gemacht hat, ohne jedoch infolgedessen in späterer Zeit seine
früheren Positionen verleugnen zu müssen. Implicite oder dem
Keime nach sind später ausführlicher entwickelte Ansichten in
allen seinen früheren philosophischen Erörterungen schon enthalten.
Was er z. B. in der kleinen Metaphysik S. 92 mit den Satze
„dass das Wirkliche das sei, einen Schein der Substanz in sich
zu erzeugen, in Wahrheit aber Accidens an dieser scheinbaren
Substanz zu sein" bloss aus der Ferne angedeutet hat, ohne auf
eine weitere Ausbeutung des Gedankens im Interesse einer Erklärung der Wechselwirkung bedacht zu sein, das hat er in ähn-
lichem Sinne, aber zum ersten Male ausführlich und mit aller
wünschenswerten Evidenz im Jahre 56 1. Aufl. d. Mikr. 1. 115 f
also ausgesprochen: „Jeder einzelne Fall von Kausalität zwingt
uns, um die Möglichkeit eines Übergangs des Einflusses zu begreifen, an die Stelle des blossen Naturzusammenhangs ein selbst
substantielles Unendliches zu setzen, in welchem das von der Erscheinung geschiedene Mannigfache nicht mehr geschieden ist".
Von da an kehrt dieses klar gezeichnete Bild von dem engen
Verhältniss der Einzelwesen zum Absoluten mit derselben Bestimmt-
heit und Schärfe in allen Schriften unseres Philosophen immer
wieder. Und nichts hindert uns mehr, nach diesem kleinen Exkurs,
der nur zur Klärung und Befestigung des früheren Resultates
dienen konnte, zu unserem eigentlichem Thema, der Beschreibung
dieses innigen Verhältnisses und der Bedeutung des Absoluten uns
zurückzuwenden.

§ 2.

Bedeutung des Absoluten und seiner Modifikationen.

Bis jetzt war das Absolute für uns weiter nichts als ein nacktes Postulat, zu dessen Annahme unser nach einer harmonisch abgeschlossenen Weltansicht strebendes Denken sich notwendigerweise gezwungen sah. Welchen Inhalt wir nun in die vorläufig leere Form desselben giessen, welche tiefere Bedeutung wir ihm selbst samt allen seinen Beziehungen beilegen dürfen, darüber mögen uns die aus den bisherigen metaphysischen Voraussetzungen entspringenden nachfolgenden Betrachtungen belehren.

Was wir kennen, ist eine Vielheit von Dingen, die unter sich in gegenseitigem Füreinandersein ein mannigfaltiges Spiel von Wechselwirkungen unterhalten. Das treibende Moment aber innerhalb dieser bunten bewegten Mannigfaltigkeit ist jenes Eine Absolute, in dem als in einem hegend mitfühlenden Herzpunkt alle Elemente als Modifikationen des Einen sich innerlich verbunden sehen zu einer Einheit. So haben wir also eine Vielheit und eine Einheit zugleich, beide eng mit einander verknüpft und in diesem ihren inneren Verbundensein ein geschlossenes Ganze, eine harmonische Gesamtheit repräsentierend ohne Zwang, ohne Gewaltthat, ohne Widerspruch. „Denn nicht das Eine M setzten wir gleich vielen M, sondern das eine unbedingte M gleich vielen bedingten m" (M 146), so dass also nicht das „Eine in dem gleichen neutralen Sinne das Viele ist, in welchem wir sagen könnten, dass es das Eine sei; es ist vielmehr das Viele in dem aktiven Sinne es hervorzubringen und in ihm gegenwärtig zu sein." (M 147). Einheit und Vielheit sind also die beiden Prädikate, die sich uns zunächst zur formellen Umschreibung der Natur des Absoluten zur Verfügung stellen: Einheit, wie sie äusserlich als Zusammenfassung aller Modifikationen auftritt, innerlich wie bei jedem Subjekt nicht in der starren Identität beim Prozess der Selbsterhaltung, sondern in der sich stets gleich bleibenden Konstanz naturgemässer, konsequenter Entwicklung begründet liegt: Vielheit im Sinne einer lebendigen Aktivität, wie sie das Absolute in steter innerer Gebundenheit an die Viel-

heit seiner Modifikationen zu entfalten pflegt. Diese gleichzeitige
Einheit und Vielheit in der Natur des Absoluten veranschaulicht
unser Philosoph in geradezu klassischer Weise, indem er an
„die vielen gleichzeitigen Stimmen einer polyphonischen Musik"
erinnert, „die ortlos ausser einander sind, soweit ihre Höhe und
ihr Klang sie unterscheiden lassen, und von denen bald diese,
bald jene anschwellend oder verklingend, steigend oder sinkend,
auch alle anderen zu harmonischen Ausweichungen nötigt, eine
Reihe von Bewegungen, durch welche die Einheit einer in sich
abgeschlossenen und folgerechten Melodie entsteht". M 161.
Für immer aber zurückzuweisen ist die Frage nach einer positiven
Schilderung oder Konstruktion des Prozesses, durch dessen Verlauf das Absolute imstande ist, zugleich Eins und zwar das Eine
unbedingt und zugleich Vieles zu sein, das einander gegenseitig
bedingt. Ebensowenig haben wir eine Antwort auf die Frage,
worin denn eigentlich der Hergang „des Modificierens, des Sich-
spaltens, des Sichdifferentiirens oder des Emanierens besteht,
durch welche bildlichen Ausdrücke die Sprache die Unterordnung
der Einzelwesen unter das Absolute ausdrückt." R. § 21.

Doch woher, dürfen wir fragen, stammt diese wunderbare
Bestimmung der Natur des Absoluten, diese wunderbare Anlage
sich auf solche Weise in den Einzeldingen zu bethätigen, woher
der Anstoss und die Intention seines Wirkens? Natürlich haben
wir davon abzusehen, dass, ehe die Welt oder das erste Wirk
liche war, eine „vorweltliche oder vorwirkliche Wirklichkeit·
(M 166) sich der später irgendwie entstandenen und verknüpften
Elemente bemächtigte und durch Vermittlung des Absoluten
Leistungen, Aufgaben und Wirkungen an sie verteilte, um eine
geordnete Entwicklung des alsbald beginnenden Weltlaufs zu er-
möglichen. Zunächst gilt für uns nichts als wirklich als das
erste Wirkliche, nämlich das als denknotwendig erkannte den
ergänzenden Abschluss unserer Weltbetrachtung bildende M, das
eben deshalb auch von Ewigkeit her den Antrieb des Wirkens
in seinem Schosse birgt und darum auch alle Gesetze und Wahrheiten, die Gesamtheit der Verhaltungsweisen, alles Werden, alle
Veränderung der Konsequenz seiner Natur entspringen lässt.

Denn „es kann nicht erst als absolutes Prius ein Reich an sich
notwendiger Formen geben als ein unvordenkliches Fatum und
nachher käme, wie auch immer geschaffen, eine Welt, die sich
dem Zwange dieser Gesetze unterwürfe, um so viel zu verwirklichen, als ihr diese Schranken gestatten wollen. Nur das Wirkliche ist vielmehr und bringt durch sein Sein den Schein einer
ihm vorangehenden Notwendigkeit hervor, ähnlich wie der lebendige
Leib in sich das Gerippe bildet, um das er herumgewachsen
scheint“ (M 172). Darnach wäre also M selbst das „form-
bestimmende Prius“, das den Wechsel der Weltelemente selbst
zu ordnen übernommen hat, ihre Gestalt und Verbindung bedingt
und dem Weltlauf nach seinen der Konsequenz seiner Natur
entspringenden Normen die innezuhaltende Richtung angiebt. Die
dabei entstehenden mannigfaltigen Formen der Welt, die Verschiedenheit der Weltinhalte, enthalten keinen Grund, der uns
berechtigte, die Einheit von M, die ja nach Lotze in einer im
Wechsel der Erscheinungen stets wiederkehrenden nur mannigfaltig sich ausprägenden Idee zu suchen ist, irgendwie zu bezweifeln.

Ebensowenig werden wir diese Einheit der alle Realen umfassenden Substanz gefährden, wenn wir in den Einzelwesen nicht nur nicht
unlebendige in sklavischer Abhängigkeit sich befindende Glieder
Eines Lebendigen sehen, sondern ihnen sogar trotz ihres Abhängig-
keitsverhältnisses, in dem sie zu dem höchsten Weltgrunde stehen,
eine gewisse, relative Selbständigkeit zusprechen, die sie befähigt,
ausserhalb des sogenannten transeunten Wirkens, sich „als ein
Selbst zu fühlen und geltend zu machen“ und als in gewisser
Beziehung „abgelöst von dem allgemeinen alles umfassenden
Grunde und als seiend ausser ihm bezeichnet zu werden“ M 190.
Denn „wahr ist es, dass die Dinge, so lange sie nur Zustände
des Unendlichen sind, nichts für sich selbst sind“, ... und
„indem etwas für sich ist, sich auf sich selbst bezieht, sich als
ein Ich begreift, löst es sich eben dadurch, eben durch diese seine
Natur von dem Unendlichen ab, erwirbt nicht dadurch, sondern
hat darum jenes Sein ausser dem Unendlichen.“ Mikr. III 534.
Diese Fürsichsein, diese Selbständigkeit jedoch ist in den ver-

schiedenen Modi eine verschiedene je nach dem Grade der
Intensität ihres Seins. Denn der Realität können wir verschiedene
Abstufungen der Intensität beilegen. Nicht alles ist nur überhaupt entweder real oder nicht real, sondern mit verschiedenem
Reichtum und ungleicher Mannigfaltigkeit ihres Fürsichseins sind
die Wesen in verschiedenen Graden real. (vgl. M 100 ff). Und
in diesem Sinne sind auch die charakteristischen qualitativen
Unterschiede ihrer Naturen zu verstehen. Denn für Lotze giebt
es keine unüberbrückbaren Gegensätze z. B. zwischen materiellen
und geistigen Elementen: und die Atomtheorie der modernen
Naturwissenschaft acceptiert er in der Weise, dass er erklärt, das
wirksame Reale in der Natur sei uns zunächst in der Gestalt
unendlich vieler, diskreter Ausgangspunkte der Wirkungen gegeben,
und so über die Atome der Physiker hinausgeht und zu jenen
Kraftcentren gelangt, welche bei aller mechanischen Gesetzmässigkeit ihrer Wirkungsweise doch über den Begriff des Materiellen
weit hinausragen. (Vgl. kl. Schr. III 224.) Alle Verschiedenheiten also der endlichen Einzelheiten, welche die beharrlichen
aber selbstlosen Ausgangs-, Durchschnitts- und Zielpunkte alles
Geschehens in der Welt bilden, nicht tote Körper sind, sondern
in verschiedenen Abstufungen ein Fürsichsein besitzen, werden
zurückgeführt auf die verschiedenen Grade der Intensität eben
dieses Fürsichseins und weisen in letzter Linie wiederum zurück
auf jenes Absolute, das sich unmittelbar in eine unendliche An-
zahl spezifisch verschiedener Elemente zergliedert (G § 67) und
ihnen allen eben dadurch die Selbstheit verleiht. Denn die
elementaren Stoffe der Natur sind nichts für sich, sondern
haben Wirklichkeit nur als Aktionen des einen Weltgrundes, so
dass also „alle Dinge wirklich in verschiedenen Abstufungen und
Vollkommenheiten die Selbstheit besitzen, durch welche eine
immanente Produktion des Unendlichen zu dem wird, was wir
ein Reales nennen". Mikr. III 536. Es ist darum auch unmöglich, dass die in den einzelnen Elementen sich vollziehende
Wirkungsweise des Absoluten an ein überall gleiches Substrat
gebunden sein soll. Und unter jenem absoluten Wesen
dürfen wir uns nicht eine unendliche Qualität eines gleichartigen

Realen vorstellen, welche die natürliche Fähigkeit habe, sich
selbst in eine zahlreiche Menge von homogenen Teilen zu zerlegen
und diesen wiederum die Freiheit zu lassen, auf Grund ihrer
relativen Selbständigkeit ein mannigfaltiges Wechselspiel aller
möglichen Kombinationen zu beginnen und dadurch einen Beitrag
zu den Verschiedenheiten des Weltinhaltes zu liefern. Vielmehr
ist dieses Absolute eine lebendige Idee, die über jede quantitative
Messung erhaben, nicht eine Vielheit gleicher Teilgedanken dar-
bietet, sondern an und für sich schon auf Grund ihrer eigenen
selbst gesetzten ursprünglichen Beschaffenheit in ein vielfach ver-
schlungenes Gewebe verschiedener Elemente sich gliedert.

Greifen wir uns aus dieser unzähligen Menge von Aktionen
des Absoluten einmal eine einzige heraus und betrachten wir zur
Illustration der eben geschilderten Verhältnisse ihre speziellen
Beziehungen zum Unendlichen. Wir meinen nämlich die menschliche Seele, welche das einzige Beispiel eines Wesens mit wechselnden Zuständen ist, das wir durch eigene Anschauung kennen.
Die Thatsache eines Seelenlebens, das „in Vorstellungen, Gefühlen
und Strebungen‘ verläuft (M 474) und nicht als ein Nebenpro-
dukt physischer Entwicklungsbewegung zu betrachten ist, gewinnen
wir aus der Thatsache der „Einheit des Bewusstseins‘‘ (M 490).
Denn „eben weil die Seele Mannigfaches vereinigen, auf einander
beziehen und beurteilen kann, eben dadurch zeigt sich und be-
währt sie sich nicht bloss, sondern ist sie Einheit: und es giebt
gar keine noch wahrere Einheit, auf die sie sich wie auf einen
Rechtsgrund zur Ausübung dieser Fähigkeit berufen könnte‘‘, kl.
Schr. III 129.

Denn diese „Einheit des Bewusstseins, welche die spätere
innere Erfahrung bezeugt, kann nicht ohne Subjekt die blosse
Resultante der Thätigkeiten einer Vielheit sein, und ebensowenig
kann dieses Subjekt durch sie geschaffen werden. Auch nicht
aus Nichts wird die Seele geschaffen oder bringt sie das schöpferische
Absolute hervor, sondern, um ein Bedürfnis der Phantasie durch
diesen Ausdruck zu befriedigen: aus sich selbst, aus seinem
eigenen realen Wesen entlässt das Absolute die Seele als die
Ergänzung, die nach dem massgebenden Sinne desselben zu seiner

anderen Thätigkeit, dem Naturlauf hinzugehört" (M 490 Mikr. II 142 ff. Damit ist der Seele innerhalb des Weltganzen eine Stellung angewiesen, die sie auf gleicher Stufe mit allen anderen Aktionen des Absoluten erscheinen lässt. Und doch geniesst sie wiederum auf der anderen Seite eine sie über alle anderen weit hinaushebende Würde. Denn mehr als alle anderen gründet sie ihr Leben auf jenes allen Einzelwesen in mehr oder minder grossem Umfange reservierte Recht der Selbständigkeit und Selbstthätigkeit, ohne natürlich dadurch dem bestimmenden Einfluss jenes Einen entrückt zu sein. „Wie es freilich gemacht wird oder wie die schaffende Kraft des Absoluten es anfange, um ein Wesen zustande zu bringen, das nicht nur nach allgemeinen Gesetzen in Zusammenhang mit anderen wirke, leide und sich ändere, sondern das vorstellend, fühlend und strebend sich als verhältnismässig selbständiger Mittelpunkt von dem alles umfassenden Grunde löse, diese Frage werden wir hier so wenig als in anderen ähnlichen Fällen beantworten. Wir haben nicht die Aufgabe, die Welt zu machen, sondern nur die, den inneren Zusammenhang der verwirklichten zu verstehen." (M. 487. Vgl. kl. Schr. III 429). Was die formelle Seite der Entstehung der Seele angeht, so hält sich Lotze für vollkommen berechtigt, ihre Bildung einem zeitlich verlaufenden Vorgange anzuvertrauen und sie als die stufenmässig erfolgende Entwicklung eines Keimes zum vollen Organismus zu betrachten. Die Frage nach ihrer Fortdauer, ihrer Unsterblichkeit findet ihre Erledigung durch das Verhältnis des Absoluten zur Zahl seiner Modifikationen. Denn ihm ist vollständig freie Hand zu lassen, dieselben vermöge seiner Allmacht zur Bestreitung seiner jeweiligen Bedürfnisse zu vermehren oder zu vermindern; und „kein anderer Grundsatz steht uns ausser der allgemein idealistischen Überzeugung zu Gebote: fortdauern werde jedes Geschaffene, dessen Fortdauer zu dem Sinn der Welt gehört und so lange sie zu ihm gehört; vergehen werde alles, dessen Wirklichkeit nur in einer vorübergehenden Phase des Weltlaufs seine berechtigte Stelle hatte." (M 487. Trotzdem ist nicht zu verkennen, dass der Seele doch eine ganz eigenartige, hohe Stellung unter allen anderen Einzelwesen eingeräumt werden muss, und Lotze nimmt in Rücksicht darauf keinen Anstand, ihr wenn auch nur bedingungsweise und in Form eines Zugeständnisses an den Sprachgebrauch, als Abbreviatur, die Bezeichnung Substanz zu gönnen. Immerhin enthält ihre Selbstthätigkeit eine solche Intensität, dass sie imstande ist, zu einer unendlichen Reihe von Wirkungen vermöge einer keiner Einsicht weiter erklärbaren Fähigkeit die Initiative zu ergreifen und selbst ein thätiger Mittelpunkt eines von ihr ausgehenden Lebens nicht bloss zu sein, sondern sich auch als solchen zu fühlen und zu wissen. Ein ähnlich geartetes Wesen nun verleiht das Absolute jedem Organismus und zwar giebt es jedem diejenige Seele, die ihm gebührt, „jedem tierischen Keime die seiner Gattung entsprechende Beseelung." M. 489. So breitet sich freilich unter Einräumung der stärksten Stufenunterschiede Licht und Wärme lebendiger Beseelung über alles Seiende aus, und wir gewinnen ein Reich von Seelen, dessen einzelne Glieder durch den zu ihnen gehörigen Leib, „dem Gebiete der Aussenwelt, auf welches ihre Herrschaft und ihre Empfänglichkeit sich am unmittelbarsten ausbreitet" (M 495), mit ihrem Einfluss in das Reich niedrigerer, geistartiger Wesen hinüberragen.

Beide Reiche aber stehen in gleicher Weise unter dem Einfluss des Absoluten, alle beide sind sie erfüllt von realen Elementen, welche Aktionen des Absoluten sind und infolgedessen niemals sich von dem übrigen Weltzusammenhang loszulösen vermögen. Sie erhalten sämtlich ihre Wirkungsfähigkeit durch das Absolute und stehen infolgedessen mit einander in einer Wechselwirkung, deren Grad oder Intensität eben wieder an die Thätigkeit des Absoluten gebunden ist ganz unabhängig von den mehr oder minder grossen Entfernungen, die zwischen den einzelnen Angriffspunkten des Wirkens liegen: so dass also die Grösse einer zwischen a und b entstehenden Kraft nicht von einem Abstande beeinflusst wird, sondern nur von den inneren Zuständen der in Aktion befindlichen Elemente abhängt, dass also allein der Einfluss des Absoluten den Massstab abgiebt für die Intensität der Wechselwirkung.

In einer ähnlichen Weise herrscht der Einfluss des Absoluten

auch in der Bewegung der Elemente. Denn die Bewegungen
sind nicht bloss „Änderungen äusserlicher Relationen" (M 401),
sondern gehören zur inneren Erfahrung der Dinge und werden
in jedem Augenblick „Mitbedingung ihres weiteren Verhaltens",
das mit mehr oder minder grosser Geschwindigkeit sich in eine
Reihe mannigfaltiger Zustände auflöst.

Gestaltet sich so jegliche Erscheinung, jedes Ereigni-, alles
Geschehen und Wirken, jede Form des Naturlaufs zu einer von
jenem allmächtigen Einen abhängigen Funktion, die ganze nach
Mass und Zahl geordnete Welt zu einem einheitlichen Ausdruck
jenes Absoluten, so liegt es uns nahe, nach dem höchsten Gesetze
zu fragen, nach welchem diese unendliche Thätigkeit des Absoluten
in steter Ordnung sich vollzieht und welches in unantastbarer
Allgemeingültigkeit das ganze Universum beherrscht. Nach der
idealistischen Sinnesart unseres Philosophen finden wir kein
höheres als „den einen und unveränderlichen Sinn, der in aller
Mannigfaltigkeit der Erscheinungen sich verwirklichen soll. Un-
fähig aber, diesen Sinn sowie die Gebote auszusprechen, die sie
(scil. Sinnesart) dem Verhalten der Dinge auferlegt, wird sie jene
allgemeinen Grundsätze, soweit die Erfahrung sie bestätigt, doch
nur als grosse Gewohnheiten der Natur ansehen können, gültig
für den Umfang unserer Beobachtung aber nicht zweifellos in
Beziehung auf das viel grösssere Bereich dessen, was über Zeit-
und Raumanschauungen unserer Forschung hinausliegt." (M 406).
Das höchste Gesetz also, das den gesamten Weltlauf, im grossen
sowohl als auch im kleinen, innerlich beherrscht, wird seinem
wahren Wesen nach vor unsern menschlichen Blicken stets verhüllt bleiben. Was aber diesseits unserer Erfahrung liegt, die
Art und Weise, wie dieses höchste Gesetz durch einen äusserlichen
Mechanismus seinem Willen einen geordneten Ausdruck verleiht,
wird um so mehr unsere Aufmerksamkeit auf sich ziehen müssen
und uns dann das wenigstens im Bilde anschauen lassen, dessen
wahre Gestalt wir niemals erkennen können. Denn „die Ordnung
der Natur beruht nicht auf einem zusammenhanglosen Haufen
einzelner Satzungen: sondern in den ursprünglichen Eigenschaften
des Wirklichen und in den notwendigen Wahrheiten der Mathe-

matik zusammengenommen liegt eine wunderbare Rationalität oder
Vernünftigkeit, die uns an unzähligen Punkten den Eindruck
eines ausgesuchten Zusammenstimmens zu beabsichtigtem Ziele
giebt. Nicht auf einen fremden Boden des Selbstverständlichen
ist nachher mühsam das Zweckmässige gepflanzt, sondern in dem
Selbstverständlichen selbst liegt eine eigene tiefe Zweckmässig-
keit". (M 422). Was uns also in dem gesetzmässigen Verlauf
der Welt als das Selbstverständliche oder vielleicht als das Primäre
entgegentreten mag, ist in Wirklichkeit erst abgeleitet und hat
bloss sekundäre Bedeutung. Nichts destoweniger ist es eine
unserer wichtigsten Aufgaben, diese sekundäre Bedeutung des
Mechanismus in ihrem ganzen Umfang und in ihrer ganzen Trag-
weite kennen zu lernen, ebenso aber auch, „die unbeschränkte
Gültigkeit von Sätzen zu bestreiten, deren beschränkte Gültigkeit
zu den wichtigsten und sichersten Hülfsmitteln der naturwissen-
schaftlichen Untersuchung gehört" (M 406). Wo finden wir aber
diese für das Geschehen so wichtigen Sätze, wo treffen wir diesen
so allgemein gültigen Mechanismus, wo ist dieses gemeinsame
Recht und Gesetz? Schwebt es etwa wie ein infizierendes Fluidum
über allem Seienden? Nein, eine derartige Rolle, die es zwischen
den Dingen aus- und einströmen und wunderbare Thätigkeiten
entfalten liesse, dürfen wir ihm nicht übertragen. Auch „darin
liegt die Bedeutung des Mechanismus niemals, ein zauberhafter
Kunstgriff zu sein, der dem vollständig begründeten Ereignisse
sein dennoch unbegreiflicherweise zögerndes Geschehen ver-
schaffte: er wird überall nur im Interesse der Stetigkeit und
Gesetzlichkeit des Weltlaufs verlangt, welcher nicht nur zu jedem
wirklichen Geschehen seinen zureichenden Grund fordert, sondern
auch gebietet, dass jedes Zwischenglied, durch welches der unzu-
reichende in den zureichenden übergehen könnte, als wirklicher
Zustand im Inneren eines realen Wesens vorher selbst realisiert
werde." (Mikr. III 510) Kl. Schr. III 297.

Wenn auch unter diesen Umständen als Form des Seins und
Geschehens die strengste Ordnung und Gesetzlichkeit zu betrachten
ist, die, sei es im grossen Umfang der Natur, sei es in den kleinen
Kreisen der Erscheinungen, eine fortdauernde unbeschränkte Geltung

besitzt und alle möglichen eigentümlichen Benutzungsweisen der allgemeinen Prinzipien des Wirkens vorschreibt, so ist doch der Gedanke an einen der Natur aufgezwungenen, ihrem inneren Wesen durchaus fremd und feindlich gegenüberstehenden starren Mechanismus durchaus abzuweisen. Erinnern wir uns daran, dass wir früher den Einzeldingen eine gewisse relative Selbständigkeit und Selbstbethätigung einräumen mussten, so dürfen wir auch hier angesichts des herrschenden Mechanismus dieses Vorrecht der Elemente nicht aufgeben und ihnen einen freien, allerdings unter der Aufsicht einer ihrem Wesen angepassten Gesetzlichkeit stehenden Spielraum zur Entwicklung ihrer Lebensformen nicht versagen. Dieses Zurücktreten der Macht des Mechanismus hinter die Natur der ihm unterworfenen Elemente geht noch weiter. Denn da die Dinge im Haushalt der Natur nicht als vollkommen gleich und ebenbürtig, koordiniert neben einander stehen, sondern mannigfaltig abgestuft in zahlreiche verschiedene Klassen eingeordnet werden können, ist es auch erlaubt, in analoger Weise diese Rangverschiedenheit den Gesetzen des Weltlaufs gegenüber in Anschlag zu bringen, so dass also „unter der Einwirkung desselben äusseren Naturlaufs dem Wesen des einen immer nur elementare und einförmige Rückwirkungen abgewonnen werden können, dem Wesen des anderen aber mannigfache und vielförmige, solche vielleicht, deren jede durch ihren Eintritt die Bedingung einer anderen vorher nicht begründeten Fähigkeit wird, solche endlich, die unter einander sich zu dem Ganzen einer auf ein bestimmtes Ziel gerichteten Entwicklung vereinigen" (M 450). Trotz aller dieser Einschränkungen und Unterordnungen jedoch können wir von einer durchgängigen Geltung und ausnahmslos universellen Ausdehnung der mechanistischen Gesetzmässigkeit, von einer breiten dem ganzen Weltlauf zu Grunde liegenden gesetzlichen Ökonomie sprechen, deren Herrschaft sich auf alle Zweige des Wirkens und Geschehens des physischen sowohl als auch des geistigen erstreckt (vgl. Kl. Schr. III 278). Denn, sagt Lotze Streitschr. 118, „der gesamte Welt- und Naturlauf und das geistige Leben schienen mir natürlich so aus dem Ganzen gearbeitet, dass nur ein allgemeiner Gesetzkreis alle Ereignisse dieser zusammenhängenden Wirklichkeit umspannt."

Zwei gewaltige Mächte scheinen alo die Herrschaft über das Universum unter sich zu teilen; das Absolute, das als reales wirkungsfähiges Wesen in dem Innern jedes Elements ganz als die alle umfassende und begründende Einheit zugegen ist und vermöge der Folgerichtigkeit seines ganzen Sinnes in jedem dieser unselbständigen Elemente diejenige Thätigkeiten erweckt, welche die Konvergenz des Wirkens zu einem bestimmten Ziele sichern, und jener äusserliche gesetzliche Mechanismus, dessen Bewegungen sich durch die Fülle des Beseelten schlingen und allen Elementen die Gelegenheiten und Anregungen zu wechselnder Entfaltung des äusseren und inneren Lebens zuführen. Doch stehen sich diese beiden einflussreichen Machtfaktoren nicht als zwei gleichwertige in getrennten Reichen als Alleinherrscher unumschränkt gebietende Prinzipien einander gegenüber, die sei es durch friedliches Nebeneinanderwirken sei es durch ewige mit wechselndem Glück geführte Kämpfe die verschiedenen Phasen der Weltentwicklung erzeugten, sondern der eine, das Absolute, steht in der ersten und höchsten Stelle und die Macht des anderen, des Mechanismus ist nur eine entlehnte und er selbst nur ein Mittel in der allmächtigen Hand jenes Unendlichen. Denn das Absolute ist „nicht nur das Vermittlungsglied alles Wechselwirkens überhaupt, sondern auch die Quelle aller Gesetze, welche zwischen je zwei Elementen die Form und Grösse ihres Wechseleinflusses bestimmen," (Streitschr. 104) und „folgt der Naturlauf mechanischen Gesetzen, so ist es Gottes Wirken selbst, das sie, wie wir zu sagen pflegen, befolgt, eigentlich aber in jedem Momente schafft; denn nicht als ein vorgöttliches Recht könnte sie bestehen, der Gott sich fügte; sie würde nur für uns der Ausdruck der eigenen Natur seines Wirkens sein" (M. 449). Überall zeigt sich daher in der mechanischen Gesetzmässigkeit des Geschehens die eigene Wirksamkeit des Absoluten, die es in der Welt der Erscheinungen stets als die verwirklichende Hand zur Erfüllung seiner Zwecke anerkannt wissen will. Und es wäre ein ohnmächtiger Wunsch unsererseits, jenes Höchste lieber in einer anderen Weise wirk-

sam zu sehen, als in derjenigen, die es sich selbst in der Form
unseres Mechanismus gewählt und gestiftet hat. Ebenso thöricht
wäre es zu glauben, das eine oder andere auf kürzerem Wege
erreichen zu können, als auf dem Umwege formaler Gesetzlichkeit,
in welcher das Absolute sich selbst dahingegeben hat. Allent-
halben vielmehr, „wo die bildsamen Stoffe vorhanden sind, da ist
auch überall das Eine Absolute zugegen, nicht als eine denkbare
Idee, nicht als wirkungsloser Typus der Gattung, nicht als
Befehl oder Wunsch oder Ideal zwischen, neben oder über den
zusammengekommenen Elementen", nicht als „hexendes Prinzip",
sondern als ein nach der ewigen Ordnung der sich selbstgesetzten
„gesetzlichen Ökonomie" handelndes, lebendes wirkungskräftiges
Wesen. (Vgl. M. 455).

Unter diesen Verhältnissen erscheint uns der Standpunkt
des Deismus, der die Welt nach ihrer Schöpfung sich selbst und
ihren Gesetzen anheimgegeben, ohne lebendige Berührung mit
ihrem Urheber in vorschriftsmässiger Regelmässigkeit ihren Lauf
vollenden lässt, ganz unhaltbar. Denn in jedem Augenblick will
Gott die von ihm geschaffene Ordnung der Dinge und erhält sie
gemäss der Konsequenz seiner Natur nicht als eine tote aus der
Peripherie seines Einflusses tretende Regel, sondern als die
lebendige Form seiner eigenen Wirksamkeit. Vgl. R. § 56
Strschr. 11. Darum steht er auch nicht ausserhalb der Welt,
sondern mitten in ihr; und „man darf nicht in irgend einer ent-
fernten Gegend des ausgedehnten Raumes jenes Absolute getrennt
von der Welt seiner Schöpfung vorstellen, so dass eine Ent-
fernung oder ein Weg nötig bliebe, den seine Entwickelung zurückzulegen hätte, um an die Dinge zu kommen, allgegenwärtig in
jedem Punkte würde seine unteilbare Einheit auch diesen
Raum füllen: noch weniger besteht nach unserer Ansicht von der
Phänominalität dieses Raumes für unsere Phantasie zwischen dem
alles umfassenden Grunde und den endlichen Wesen eine Kluft,
die durch wunderbare Wanderungen auszufüllen wäre. Wo auch
immer in dem erscheinenden Raume sich ein organischer Keim
gebildet hat, da ist auch an derselben Stelle und nicht entfernt
von ihm jenes Absolute gegenwärtig, das, ich wiederhole es noch-

mals, nicht allein von uns zu Hülfe gerufen wird, um den
ungewöhnlichen und vornehmen Vorgang der Bildung des Lebendigen und Beseelten möglich zu machen, sondern das eben so
die ärmlichste Gegenwirkung zweier Atome erst durch seine
Gegenwart in ihnen begründet. Und ebensowenig stellen wir
uns sein Hiersein vor als einen blossen gleichmässigen Hauch,
der auch diese Stelle durchdringe, etwa jenem formlosen, feinen
Äther ähnlich, in dem so viele wunderliche Meinungen sich die
Belebung zu mannigfachsten Gestaltungen möglich denken: sondern
mit dem ganzen innerlichen Reichtum seiner Natur ist das Absolute
auch hier unteilbar gegenwärtig: nach der Gesetzlichkeit seines
Wirkens, die es sich selbst festgestellt, um genötigt zu den einfachen Verknüpfungen der Elemente, die selbst nur seine stets
unterhaltenen Aktionen sind, mit einfachen Ergänzungen, zu den
verwickelteren mit grösseren und wertvolleren hinzuzutreten".
(M. 488 f). Nirgends also vermag der Mechanismus auf eigene
Hand Wirkungen zu erzielen, die ohne den Willen und die
lebendige thätige Teilnahme des Absoluten an irgend einem
wichtigen oder unwichtigen Punkte des Weltganzen eine Veränderung hervorriefen. Überall steht er im Dienste dieses höchsten
Einen, dazu geschaffen zur Verwirklichung des höchsten Willens,
zur Realisierung des obersten Zweckes seine hülfereiche Hand zu
bieten. Denn, „dieses Reich der Gesetze", sagt Lotze, „einerseits und der Inhalt des zu realisierenden Ideals andererseits
waren für mich die beiden Bedingungen, aus deren Vereinigung
sich die bestimmten Formen der Wirklichkeit nun allerdings als
notwendig gewordene Konsequenzen ergeben müssen." Streitschr. 58.
Vgl. Kleine Schrift. III 422. Von einem weiteren Eindringen
in das innerste Wesen des Absoluten und die geheime Werkstätte
der Natur lässt Lotze die Metaphysik bescheiden zurücktreten.

Was sie uns als einziges höchstes denknotwendiges Prinzip
des Seins und Wirkens zu bieten vermag, ist jenes All-Eine,
das Absolute, das als allmächtiger, allgegenwärtiger gesetzgebender
Faktor im Centrum des Weltganzen steht, alles regiert und belebt
und zwar alles nach festem, vorbedachtem, aus ihr selbst ent-
springendem, selbst gewolltem, in der Konsequenz seiner eigenen

Natur liegendem und darum auch zweckmässigem Plane, dessen Inhalt der Verstand der Verständigen nicht zu erspähen vermag, den wir nur im Bilde schauen können, so wie er sich spiegelt in den äusseren Formen der Erscheinungen. Das aber dürfen wir getrost annehmen, dass dieser Plan nach Umfang und Inhalt elastisch genug sein wird, um alle Möglichkeiten der Entwicklungsformen zu gestatten. Über diese formellen Bestimmungen und Umschreibungen hinaus können wir mit absoluter Sicherheit keine weiteren für unser verstandesmässiges Denken verbindlichen Aussagen machen. Trotzdem aber dürfen wir hier nicht zufrieden stille stehen: die Bedürfnisse unsers Gemüts treiben uns unaufhörlich weiter und verlangen noch mehr als das ist, was dem reinen Verstand schon Genüge leistet. Wir sehen uns darum genötigt, in einem neuen Kapitel für das Absolute und seine Beziehungen einen den Forderungen entsprechenden konkreten Inhalt zu suchen.

Kapitel II.
Religiös - ethische Betrachtung.

§ 1.
Die geistige Persönlichkeit des Absoluten (Gottes).

Gewonnen haben wir beim Abschluss unserer theoretischen Weltbetrachtung als höchstes Prinzip die unendliche Substanz, das Absolute. Diesen sicheren Gewinn werden wir nunmehr praktisch verwerten zur Konstruktion unseres religiösen Gottesbegriffes. Denn die herkömmlichen sogenannten Beweise für das Dasein Gottes können uns kein unanfechtbares positives Resultat liefern, sondern haben bloss eine sekundäre Bedeutung „als Rechtfertigungsgründe für unsern Glauben." R. § 5. Doch bleiben wir hier einen Augenblick stehen und sehen wir zu, wie Lotze im einzelnen den verschiedenen Beweisen gegenüber verfährt! Am nächsten liegt unserem Interesse wohl seine Behandlung des teleologischen Beweises, der ja, sollte man meinen, gerade wegen seines der philosophischen Gesamtauffassung Lotzes so sehr entgegenkommenden Charakters, einigermassen gegründete Aussicht haben könnte, als beweiskräftig anerkannt zu werden. Doch ist

Lotze weit davon entfernt, sich von diesem ihm sonst sehr
sympathischen teleologischen Gedanken bestechen zu lassen. Er
legt ihn als unbrauchbar zur Seite, weil er seine ganze Kraft
aus der angeblich erfahrungsmässig gegebenen, für das theoretische Denken aber noch ganz und gar hypothetischen Zweck-
mässigkeit der Welt schöpfe, eine stringente Beweisführung aber
ihren Ausgangspunkt nur in einer unbedingt anzuerkennenden
Thatsache finden könne. Auch der kosmologische und moralische
Beweis sind ihm nur missglückte Versuche: der eine, weil er
von der Bedingtheit des Gegebenen auf ein Unbedingtes schliessen
will, dessen Einheit aber nicht feststellen kann, der andere, weil
er erst auf Grund der gläubigen Voraussetzung des ja erst zu be-
weisenden Daseins Gottes die Güte und Gerechtigkeit eines höchsten
ethischen Prinzips für eine spätere Vergeltung in Anspruch neh-
men kann. Die grösste Gunst widerfährt noch „der verachteten
Form" des ontologischen Beweises, und grosses Gewicht legt
Lotze auf die aus dem beunruhigenden Gedanken an die blosse
Scheinexistenz des Ideals entsprungenen, den wirklich guten Kern
dieses Beweises ausmachenden Erwägungen. Wunderschön kenn-
zeichnet er seine freundliche Haltung ihm gegenüber durch folgende Worte: „Was wäre es nun, wenn in der That das gedachte
Vollkommenste als Gedachtes geringer wäre als irgend eine Wirklichkeit? Warum würde dieser Gedanke beunruhigen? Darum
offenbar, weil es eine unmittelbare Gewissheit ist, dass das Grösste,
das Schönste und Wertvollste nicht bloss Gedanke, sondern Wir-
lichkeit sein muss, weil es unerträglich an sich sein würde, von
dem Ideal zu glauben, dass es eine Vorstellung sei, die das
Denken wohl in seiner Arbeit erzeugt, die aber in der Wirklichkeit kein Dasein, keine Macht und keine Gültigkeit habe. Nicht
aus der Vollkommenheit des Vollkommenen wird als logische
Konsequenz zunächst seine Wirklichkeit gefolgert, sondern ohne
Umschweif einer Folgerung wird unmittelbar die Unmöglichkeit
seines Nichtseins empfunden und aller Schein syllogistischer Begründung dient nur dazu, die Unmittelbarkeit dieser Gewissheit
deutlicher zu machen: Wäre das Grösste nicht, so wäre das
Grösste nicht, und es ist ja unmöglich, dass das Grösste von

allem Denkbaren nicht wäre." Mikr. III. 561. Auf Grund eines
unmittelbaren Vernunftgefühls, nämlich eines uns ursprünglich
mitgegebenen Schätzungsgefühls wird also angenommen, dass das
Ideal, das Höchste, Wertvollste nicht ein blosser Gedanke sei,
sondern Wirklichkeit haben muss. Ein zwingender, das Denken
befriedigender Schluss wird uns jedoch nirgends geboten. Wir
sehen uns darum genötigt, wie oben bereits angedeutet, von allen
derartigen Versuchen abzustehen und das Resultat unserer metaphysischen Erörterungen als einzig fruchtbares Moment zur Grund-
lage unserer religionsphilosophischen Betrachtungen zu machen.
Zu diesem Zweck ist es uns ohne weiteres gestattet, das damals
aufgestellte Postulat, jenes notwendig zu denkende Absolute unserem religiösen Bedürfnis zur Verwertung für seinen Gottes-
begriff zu präsentieren und es ihm zu überlassen, dasselbe als
inhaltvolles geistiges Prinzip, als geistige Persönlichkeit begreiflich zu machen.

Zunächst jedoch hat es sich das Recht zu erwerben, überhaupt von einem Geistigen, Persönlichen im Gegensatz zu etwas
Ungeistigen oder Materiellen, wie wir es gewöhnlich nennen, und
Unpersönlichem sprechen zu dürfen. Wir erinnern uns, schon
einmal diese Frage in einem anderen Zusammenhang berührt zu
haben. Vor uns schwebte nämlich ein mannigfach koloriertes
Weltbild, zusammengesetzt aus mannigfach abgestuften Elementen
oder Einzelwesen, alle Aktionen oder Modifikationen des Einen
Absoluten. Nirgends herrschten so tiefgehende Unterschiede zwischen ihnen, dass ihre Naturen sich feindlich einander gegenüber-
traten und jegliche Verwandtschaft zwischen ihnen ausgeschlossen
schien. Und was dem gewöhnlichen Standpunkte in die Doppel-
welt der Geister und der Sachen zerfiel, das erschien uns schliesslich in die eine wesentlich gleichartige Stufenordnung individueller
Geister und geistverwandter Wesen verwandelt. Doch dürfen wir
es hier nicht versäumen, noch einmal dieses Verhältnis, den
scheinbaren Gegensatz zwischen Geist und Materie, scharf ins
Auge zu fassen. An dem Geiste finden wir als Hauptcharakte-
ristikum, dass er sich , als Einheit weiss und geltend macht. Er
allein hat veränderliche Zustände, die dennoch seine Identität

nicht aufheben, eben weil er, indem er sie empfindet, sie zugleich
bloss als Zustände gelten lässt und auf sein identisches Wesen
bezieht". R. § 24. „Die Materie" jedoch „ist an sich niemals
Gegenstand einer sinnlichen Anschauung, sie wird vielmehr von
unserer Vernunft zu der Mannigfaltigkeit der sinnlichen Erscheinungen bloss als eine Ergänzung hinzugedacht, ohne welche der
Verlauf dieser Ercheinungen den Zusammenhang nicht haben
würde, den die Vernunft von ihr verlangt, wenn sie ihn als
wahrhafte Wirklichkeit oder als Erscheinung einer solchen soll
gelten lassen." R. § 23. vgl. M. 334. Und alles, was wir
Materie nennen, muss sich in unserer Überzeugung auflösen zu
anschaulichen Erscheinungen, entspringend aus den gegenseitigen
Wirkungen, welche an sich übersinnliche Wesen auf einander
und infolgedessen auch auf die Seele ausüben. Das Materielle
tritt also auf diese Weise in seiner selbständigen Bedeutung für
uns immer mehr zurück: auch „die wesentlichen Eigenschaften,
durch welche sich diese dem Geiste scheinbar völlig fremde Realität der Aussenwelt auszeichnet, ... räumliche Ausdehnung
und Gestalt sowie die Kräfte, mit denen die Dinge ihren Ort
und ihre Gestalt behaupten oder verändern", nötigen uns keineswegs, „als das Subjekt, von dem sie prädiciert werden, ein Etwas
anzunehmen, das in ursprünglichem Gegensatz zu dem geistig-
realen stehe" R. § 26. Denn alle sinnlichen Qualitäten der Dinge
sind nur für subjektiv zu erklären. Die Ausdehnung ist nicht
„als Prädikat eines einfachen oder einheitlichen Wesens, sondern
nur als scheinbare Eigenschaft einer verbundenen Vielheit"
(M. 372) aufzufassen. Die Kräfte, mit denen die Mechanik
operiert, und welche in der Form von Widerstand, Anziehung
oder Abstossung aufzutreten pflegen, sind nichts, was nach Art
eines Substrats im Weltenraume zerstreut vorkäme und zu den
Eigenschaften der Dinge hinzugefügt werden könne, sie bezeichnen
nur die Grösse der Spannung, die Intensität innerer Zustände,
welche und zwar unter verschiedenen Gesichtspunkten mit verschiedenen Bezeichnungen dem menschlichen Denken näher treten.
Vgl. R. § 28. Von diesen inneren Zuständen der Dinge selbst
können wir uns keine lebendige Vorstellung machen, wir können

sie nicht schildern. Wohl aber können wir sagen, dass sie von
den Dingen selbst, in denen sie uns erscheinen, innerlich empfunden werden. Für uns mögen sie daher in der Form, in
welcher sie uns entgegentreten, an etwas ganz Besonderes, dem
geistigen Leben Fremdes erinnern, in Wahrheit aber sind sie
nicht etwas für sich Dastehendes, etwas „sui generis", sondern
„völlig mit unseren geistigen Zuständen verwandt." R. § 28. Ja,
„es ist denkbar, dass alles Reale" nicht bloss verwandter „gleich-
artiger, sondern völlig derselben Natur" mit uns ist „und nur
nachträglich hinzukommenden Bedingungen seine verschiedene
Ausgestaltung verdankt." M. 335. Warum sollten wir also den
Ausspruch, dass nur der Geist real sei, nicht in den anderen
umkehren, dass alles Reale Geist sei, dass also die sogenannten
materiellen Dinge, die unserer sie von aussen betrachtenden Beobachtung nur als blind wirkende, bewusstlos leidend erscheinen
möchten, innerlich doch alle besser sind, als sie äusserlich aussehen, dass sie nicht nur für andere, sondern auch für sich sind
und durch dieses Fürsichsein eben eine geachtete Stellung im
Reiche der Geister gewinnen?

Nichts hindert uns nunmehr gegenüber dem das Stoffliche
vergötternden Materialismus mit voller Überzeugung auf die Seite
des Idealismus zu treten und die Berechtigung sowohl als auch
die hohe Bedeutung des Geistes gegenüber den Ansprüchen des
sogenannten Materiellen zu verteidigen. Und unserm religiösen
Bedürfnis werden wir einen wesentlichen Dienst leisten, wenn
wir ihm erlauben, diesen unseren idealistischen Standpunkt für
seine Zwecke zu verwerten. Denn ihm ist es überaus wichtig
für die Umschreibung seines hohen Gottesbegriffs von der wirklich gesicherten Existenz des Geistigen als solchem ausgehen zu
dürfen. Von hier aus hat es nämlich nur noch eine kurze Strecke
zurückzulegen, um zu der begründeten Annahme der Geistigkeit
Gottes zu gelangen. Schicken wir ihm nur noch das Ergebnis
eines früheren Gedankengangs über die Einheit zu Hülfe, die
für uns in der Konsequenz begründet lag, mit welcher der Wechsel
der Zustände jedes Dinges sich in der Weise vollzieht, dass sie
in Rücksicht auf die ihrer Entstehung zu Grunde liegenden Be-

dingungen als veränderliche und mannigfaltige Ausdrücke eines
und desselben Gedankens erscheinen, dessen Verwirklichung eben
das Wesen des Dinges ist, dessen eigentlicher Sinn sich aber in
der beziehenden Thätigkeit des Geistes und zwar ausschliesslich
darin ausprägt, wie uns ein Blick in das Innere des menschlichen Geistes lehrte. Denn „nur in der Empfindung, die den
empfundenen Inhalt zugleich als etwas für sich von uns abstösst
und ihn zugleich als den unseren offenbart, wird uns klar, was
damit gemeint ist, dass wir irgend ein a als Zustand eines Wesens
A fassen: nur dadurch, das unsere beziehende Aufmerksamkeit
Vergangenes und Gegenwärtiges in der Erinnerung zusammen-
fasst, zugleich aber die Vorstellung des beständigen Ich entsteht,
dem sie beide angehören, wird uns klar, was es heisst und dass
es möglich ist. Ein Wesen im Wechsel vieler Zustände zu sein,
dadurch also, dass wir uns als solche Einheiten anschauen können, sind wir Einheiten" (M. 185 f.). Das Hauptmoment bei der
Bestimmung dieser Einheit also bildet die beziehende Thätigkeit des Geistes. Das religiöse Gemüt wird daher keinen Augenblick mehr zögern, von der früher erwiesenen Einheit des Absoluten auf dessen geistige Natur zu schliessen und es als inhalts-
volles Prinzip, als höchsten Geist und Gott an die höchste Stelle
der Wirklichkeit zu setzen. Doch giebt es sich damit noch nicht
zufrieden, es verlangt noch mehr. Sein Gott, das geistige Prinzip
der ganzen Welt, muss auch die Züge der Persönlichkeit tragen.

Bevor wir diese in ihrer ganzen Reinheit und Vollkommenheit in das gewonnene Bild unseres Gottes einzeichnen dürfen,
sehen wir uns genötigt, einer polemischen Auseinandersetzung
unseres Philosophen mit verschiedenen falschen, das persönliche
Moment in den Hintergrund drängenden Ausdeutungen des als
höchstes geistiges Prinzip die Welt durchwaltenden Absoluten
unsere Aufmerksamkeit zuzuwenden.

Zunächst handelt es sich um die Meinung, die dem Absoluten
seine geistige Natur zwar nicht abstreitet, aber sie doch degradiert,
indem sie die Thätigkeiten und Wirkungen dieses geistigen
Wesens auf ein unbewusstes Handeln zurückführt. Das Recht
hierzu verschafft sie sich durch den Hinweis auf die Verhältnisse

unseres menschlichen Geistes, in dessen Thätigkeit sich eine Reihe
unbewusst vollzogener Handlungen nachweisen lässt. Jedoch
enthält ein derartiger Hinweis keinen hinreichenden Grund zu
einer solchen Behauptung. Denn „unbewusste Zustände und
Vorgänge können wir allerdings innerhalb unseres geistigen
Wesens nicht in Abrede stellen. Aber daraus folgt doch bloss,
dass sie als unbewusste und zugleich Zustände eines Geistes eben
nur in denjenigen Wesen vorkommen, die ihrer Natur nach
bewusste Geister sind, mithin bloss Hemmungen und Schranken
eines bewussten Geisteslebens sind, aber nicht so, dass sie ohne
Voraussetzung eines solchen eine eigene Art des Daseins bildeten,
die nicht wieder ganz identisch mit einem völlig geistlosen, blinden
Wirken wäre." R. § 29. Ihren wahren Grund haben diese unbewussten Vorgänge in dem unser gesamtes Dasein beherrschenden Mechanismus, der ebenso wie in unserem leiblichen Leben
in den Verfahrungsweisen unseres Denkens und unseres psychischen
Lebens seine unumschränkte Geltung hat. Mag darum bei einer
grossen Zahl von Zuständen und Vorgängen des täglichen Lebens
unser Geist auch ganz unbewusst beteiligt sein, ihm deshalb jede
Fähigkeit eines bewussten Handelns abzusprechen, ist durchaus
ungerechtfertigt. Einmal musste er ja doch mit lebendigem
Bewusstsein bei jeder einzelnen dieser unbewussten Thaten zugegen
sein, als er nämlich zum ersten Male sich vor die Aufgabe gestellt
sah, die Ausführung derselben zu bewerkstelligen. Später mag
er dann im Laufe der gewohnheitsmässig gewordenen Thätigkeit
allmählich die bewirkende Rolle scheinbar dem Mechanismus übertragen und sich sozusagen auf diese Weise davon dispensiert
haben, in jedem Augenblick bei jedem grösseren oder kleineren
von ihm ausgehenden Ereignis wirklich mit vollem Bewusstsein
persönlich gegenwärtig zu sein. Was nun ferner überhaupt die
Anwendung dieser menschlichen Verhältnisse auf jenes unendliche
Wesen angeht, so müssen wir sagen, dass jeder darauf sich
gründende Analogieschluss inbezug auf die geistige Beschaffenheit
des Absoluten von vornherein unseren berechtigten Zweifel heraus-
fordern muss. Denn in dem Absoluten hatten wir ja eine Grenz-
vorstellung gewonnen, über die hinaus unser menschliches Denken

seine Schritte nicht mehr lenken dürfte, um Gründe und
Bedingungen für irgend eine Thatsache zu suchen. Es ist darum
jenseits des unendlichen Wesens keine wirksame Macht mehr zu
finden, die das ausführte, was das Unendliche vielleicht nicht
mehr vermöchte, oder die eventuell einen geordneten Mechanismus darböte, der dem Unendlichen unbewusste Vorgänge und
Zustände gestattete, an denen der bewusste Geist des Absoluten
keinen Teil hätte.

Ausserdem dürfen wir nicht ausser Acht lassen, dass wir
neben dem unbewussten doch auch ein bewusstes Innenleben zu
verzeichnen haben: und dieses bewusste Geistesleben wäre in
keiner Weise zu verstehen, wenn man es als Produkt eines unbewussten Absoluten oder als Frucht der Thätigkeit dieses Unbewussten
und einer hinter ihm stehenden Notwendigkeit betrachten wollte.
Ebenso unerklärlich bliebe uns diese Seite des Geisteslebens,
wenn wir der Schellingschen Theorie huldigten, welche zur
Herbeiführung einer Versöhnung des Dualismus zwischen Materie
und Geist diese beiden getrennten Gebiete auf eine gemeinsame
Wurzel zurückzuführen suchte, dabei jedoch in dieser gemeinschaftlichen Wurzel, nämlich Gott, etwas voraussetzte, „was noch
nicht Gott selbst ist, einen dunklen Grund" in ihm, der zu dem
„stoffartigen Stamme der Natur auswachse." Mikr. I 448. Gott
könnte dann nicht ein volles, bewusstes, geistiges Wesen sein,
das in anderen Geist und Bewusstsein entzündete: seine mit dem
höchsten geistigen Massstabe zu messende Thätigkeit unterläge
einem drückenden Zwange, und etwas Rätselhaftes, dunkles,
jenseits seines Bewusstseins Liegendes, das höchste Prinzip in
seiner Geistigkeit tief Erniedrigendes griffe hemmend und be-
schränkend in seine Bewegungen ein. Und überall, wo die
monistischen Systeme auf eine derartige Annahme: „Geist und
Materie haben Eine Wurzel, die keins von beiden sei, aber beide
aus sich begründe", sich zuspitzen, fangen sie an für uns „durchaus unbefriedigend" zu werden. R. § 25.

Sodann kann es uns auch nach Lotze nicht genügen, das
Absolute mit einer moralischen Weltordnung oder Idee zu iden-
tifizieren. Wohl stimmt er mit Fichte vollkommen darin über-

ein, es sei das „Gewisseste, ja der Grund aller anderen Gewissheit, dass es diese moralische Weltordnung giebt, dass jedem
vernünftigen Individuum seine bestimmte Stelle angewiesen und
auf seine Arbeit gerechnet ist, dass jedes seiner Schicksale
Resultat ist von diesem Plane, dass ohne ihn kein Haar fällt
von seinem Haupte und in seiner Wirkungssphäre kein Sperling
vom Dache fällt, dass jede gute Handlung gelingt, jede böse sicher
misslingt und dass denen, die nur das Gute recht lieben, alle
Dinge zum Besten dienen müssen". Fichte. S. W. VII 88.
Mikr. III 566. Trotz dieser engen Berührung mit dem ethischen
Idealismus Fichtes bestreitet er jedoch, dass man bei dieser
Ordnung als dem letzten, die höchsten Forderungen befriedigenden Grunde der Welt stehen bleiben könne, und er stellt sich
in seinem Suchen und Streben die darüber hinausweisende Frage:
„Könnte jene Weltordnung jemals eine Vielheit zur Einheit
irgend eines bestimmten Verhältnisses zusammenfassen oder in
dieser Einsicht erhalten, wenn sie nicht gegenwärtig in jedem
Einzelnen der Vielen, zugleich reizbar wäre für jeden That-
bestand, der in allen übrigen Einzelnen stattfindet und zugleich
fähig, die gegenseitigen Verhältnisse aller in die beabsichtigte
Form durch eine Verrückung ihrer Lage zu bringen, welche ihrer
Abweichung von diesen Ziele angemessen ist?" Mikr. III 566 f.
Vgl. Strschr. 51.

Was aber bedeutet erst eine blosse Idee auf der höchsten
Stelle des Universums? Für unser religiöses Gefühl nur den
Schatten von dem, auf dessen lebensvolle, lichtumflossene Gestalt
seine Sehnsucht gerichtet ist. Denn mag diese Idee noch so
ideal gefasst sein, mag sie als das Gute in regellos blindwirken-
der Thätigkeit nach allen Seiten hin durch Mitteilung der entsprechenden Antriebe die Herrschaft des Guten begründen und
befestigen, wir werden immer noch ein Besseres und Bestes an
seine Stelle zu setzen geneigt sein, nämlich ein Wesen, das „mit
Bewusstsein jedem seine Stelle anweisen oder auf seine Arbeit
rechnen, oder das Gute der guten Handlung von dem Schlechten
der schlechten unterscheiden, mit eigener lebendiger Liebe das
Gute wollen und verwirklichen könnte" (Mikr. III 567). Nur

mit einer solchen Theorie, die einem so gestalteten Wesen den hervorragendsten Platz in ihrem System einräumte, könnte sich unser Philosoph befreunden. Alle anderen, wie wir sie hauptsächlich in den verschiedenen Arten des Pantheismus ausgeprägt finden, unterliegen daher seiner schärfsten Kritik.

Ganz besonders wichtig und interessant ist Lotzes Auseinandersetzung mit diesem das geistig-persönliche Moment mehr oder minder negierenden Pantheismus, zumal da er auf metaphysischem Gebiete in vielen Punkten mit ihm zusammentraf. Wir geben ihm darum zur Charakterisierung seiner Stellung selbst das Wort: „Mit der pantheistischen Verehrung der unendlichen Substanz", so lesen wir Mikr. III 568, „verbindet uns nur scheinbar das gemeinsame Zugeständnis der substantiellen Einheit des Weltgrundes .... Ihm gilt als Sein, was uns nur als Erscheinung denkbar ist: die räumliche Welt mit ihrer Ausdehnung, ihren Gestalten, ihren unablässigen Bewegungen: ihm ist es denkbar, dass eine unerschöpfliche Lebenskraft des Unbedingten und Einen sich in diesen Gebilden und ihren Veränderungen Luft mache, als leiste sie dadurch etwas: uns war alles das nur Schatten eines wahren und übersinnlichen Seins und Geschehens: ihm konnte es daher möglich dünken, die geistige Welt als eine vereinzelte Blüte an dem starken Stamme materieller blind wirkender Realität zu fassen, uns war es undenkbar geworden, Geist aus dem entstehen zu lassen, was nicht Geist ist, unabweisbar dagegen alles bewusstlose Dasein und Geschehen als einen Schein anzusehen, dessen Form und Inhalt aus der Natur des geistigen Lebens entspringt. Metaphysisch würden wir nur demjenigen Pantheismus beistimmen können, der jeder Neigung entsagte, das unendliche Reale in einer anderen Form als der des geistigen zu begreifen: religiös aber teilen wir die Stimmung nicht, welche die pantheistische Phantasie zu beherrschen pflegt: Die Niederdrückung alles Endlichen gegen das Unendliche, die Neigung, alles was Wert für das lebendige Gemüt hat, nur als vergänglich, nichtig und hinfällig zu betrachten gegenüber der Majestät des Einen, auf dessen formale Eigenschaften der Grösse,

Einheit, Ewigkeit und Unerschöpflichkeit sich alle Verehrung konzentriert.

Wenn wir auch nunmehr vom Standpunkt des religiösen Gemüts aus kein Bedenken tragen dürfen, daran festzuhalten, dass nur ein lebendig ordnendes geistig-persönliches Wesen die Stelle des höchsten Weltprinzips einnehmen kann, so müssen wir doch noch einen Augenblick den Einsprüchen des theoretischen Denkens Gehör schenken, und ihren Wert oder Unwert prüfen, ehe wir uns mit den Forderungen und Wünschen des religiösen Bedürfnisses völlig solidarisch erklären können. Vgl. R. § 30 ff. Mikr. III 569 ff. Kl. Schr. III 298. Zunächst dürfen wir uns nicht irre machen lassen durch die herkömmlichen, bei der Bestimmung der Persönlichkeit gebräuchlichen, aus dem Gegensatz zwischen Ich und Nicht-Ich hervorgehenden Überlegungen und Einwürfe vieler Denker. Denn sie bringen zur Begründung ihres Widerspruchs gegen die Persönlichkeit Gottes ein Moment in Anschlag, das bloss auf menschliche Verhältnisse und auch auf diese nur in beschränktem Masse angewandt werden kann. Sie gehen aus von der gewiss unwiderleglichen Voraussetzung, dass eine Wechselwirkung zwischen Seele und Aussenwelt, physischen Reizen und inneren Affektionen besteht, die teils in den Wahrnehmungen zum Ausdruck gelangt, welche auf Grund irgend welcher Einwirkung der Aussenwelt entstehen, teils in dem Willen, welcher durch Zwischenglieder, Nerven und Muskeln, die Aussenwelt berührt. Darauf gründen sie die Behauptung, ein Ich sei nur möglich, wenn es gegenüberstehe einem Nicht-Ich, und im Gegensatz zu diesem sich eben als ein Ich erkenne und zum Bewusstsein seiner Personalität komme. Gewiss ist das ein Moment das für menschliche Verhältnisse berechnet uns einen Augenblick stutzig machen könnte und mit einer gewissen Leichtgläubigkeit auf Gott angewandt mindestens einen leisen Zweifel an seiner von einer Aussenwelt bestimmten und abhängigen Persönlichkeit erregen könnte. Aber es ist keineswegs das einzige, auf welchem die Bestimmung der Persönlichkeit überhaupt beruht, und enthält darum auch keinen vollgültigen stichhaltigen Einwand gegen die aus der Analogie menschlicher

Verhältnisse entstammende Annahme der Persönlichkeit Gottes.
Dagegen erinnert Lotze mit Recht daran, dass es zur Begründung
der Persönlichkeit vollkommen genüge, die unter den Begriff des
Nicht-Ich fallenden eigenen inneren Zustände, Vorstellungen,
Empfindungen, Gefühle des Ich als Objekte zu betrachten, denen
gegenüber das Ich zum Bewusstsein seiner selbst, seines persönlichen Charakters gelange. „Persönlichkeit ist daher ein Geist
dann schon, wenn er im Gegensatz gegen seine eigenen Zustände,
zunächst also gegen seine eigenen Vorstellungen sich als das
einheitliche sie alle vereinigende Subjekt weiss, an welchem sie
bloss unselbständige Zustände sind". R. § 34. In diesem Sinne
können wir daher auch von Gott sagen: „der Gedanke seiner
Persönlichkeit erfordert nicht die Annahme eines Realen ausser
ihm, durch das er beschränkt wäre, sondern nur die Erzeugung
einer Vorstellungswelt in ihm, zu welcher er als zu seinen Zuständen sich im Gegensatz befindet". R. § 34. Aber beruhen
denn diese Vorstellungen Gottes, so wird uns wiederum entgegnet,
nicht auch auf äusseren Reizen, und ist darum die Würde seiner
Persönlichkeit nicht eine an die Aussenwelt angelehnte und infolgedessen in ihrem Werte sehr zweifelhafte und anfechtbare?
Freilich, müssen wir erwidern, verleiht diesem auf das menschliche Gebiet rekurrierenden Einwand unsere auf das korrespon-
dierende Verhältnis zwischen unserm Geist und der Welt basierte
Produktion von Vorstellungen wenigstens einen Schein von Recht.
Dem gegenüber müssen wir doch darauf hinweisen, dass es uns
im Grunde als ganz unzulässig erscheint, von etwas ausser uns
Vorhandenem, unser Vorstellungsleben allerdings Begründendem,
etwas viel Höheres, die Persönlichkeit, abhängig machen und
daraufhin infolge des Mangels dieses rein äusserlichen Anstosses
bei dem Absoluten das Recht herleiten zu wollen, demselben
dieses wichtige Prädikat zu versagen. Denn „die Endlichkeit
des Endlichen ist nicht eine erzeugende Bedingung", sondern
sogar „eine hindernde Schranke ihrer Ausbildung". Mikr. III 580.
Ferner dürfen wir nicht vergessen, dass es für unser menschliches
Denken Schranken giebt, die es stets daran hindern werden mit
apodiktischer Gewissheit sich Urteile über das Unendliche, den

Grund aller Gründe, und dessen wahres Innerstes zu erlauben
und dass es vor allen Dingen auf der Hut sein muss, mit
Analogien und Übertragungen aus dem Reiche des Endlichen sich
über Rätsel und Schwierigkeiten der Sphäre des Unendlichen hinweg-
zutäuschen. Denn was von uns gelten mag, den endlichen Wesen
und unserem endlich bedingten und beschränkten Vorstellungsleben, das gilt damit noch nicht in derselben Weise von dem
unendlichen Gott und seinem unendlichen unbeschränkten Vorstellungsleben. Darum darf sich unser Denken hier in Anerkennung dieser Verhältnisse nicht sträuben, in Bezug auf Gott
furchtlos von der Unbedingtheit eines selbsterzeugten Geisteslebens
und einer absoluten Freiheit und Unabhängigkeit von der Aussenwelt rücksichtlich der Ausgestaltung seiner Persönlichkeit zu
sprechen und zu gestehen, dass „das, was dem endlichen Geiste
nur annähernd möglich ist, die Bedingtheit seines Lebens durch
ihn selbst, in Gott schrankenlos stattfindet, und dass es
keines Gegensatzes zu einer Aussenwelt für ihn bedarf." Vgl.
Mikr. III 576 f.

Eine zweite Bedingung, deren Erfüllung von seiten eines
Wesens unerlässlich scheint, bevor wir ihm die Bezeichnung der
Persönlichkeit verleihen dürfen, ist in der unmittelbaren Erfahrung
gegeben, durch welche der Unterschied zwischen Ich und Du er-
lebt und offenbar wird, in der Fähigkeit, Gefühle der Lust und
Unlust empfinden zu können. Auch hier ist zu sagen, dass sie
für uns endliche Geister nur entstehen können infolge äusserer
Eindrücke, „bestehen dagegen können sie auch für uns, nachdem
sie einmal entstanden sind, ohne jeden Gegensatz gegen ein
äusseres Reale." R. § 31. Dagegen „für den unendlichen Geist
würden alle diese Inhalte, die für uns freilich von aussen kommende
Gelegenheiten zur Fällung ästhetischer und moralischer Urteile
sind, vielmehr innerliche Produktionen seiner eigenen schöpferischen
Phantasie sein, und seine Persönlichkeit würde darin bestehen,
diesem Wert oder Unwert solcher Produktionen gegenüber das
fühlende Subjekt zu sein, das in Lust oder Unlust, Gefallen
oder Missbilligung sie beurteilt." R. § 31. Wenn es also überhaupt wahre Persönlichkeit giebt, die den Namen voll verdient,

4*

so kann sie nur dem Absoluten zukommen. Denn in ihm allein
sehen wir dasjenige Wesen, welches schlechthin in und durch
und für sich selbst ist und bei welchem eine Abhängigkeit von
aussen, ein von andersher Empfangen und Sichgebenlassen überhaupt nicht statt hat. Uns selbst ist nur ein schwacher Abglanz
dieser vollkommenen, absoluten Persönlichkeit beschieden: „sie
ist ein Ideal, das wie alles Ideale nur dem Unendlichen eigen
ist in seiner Unbedingtheit, uns aber wie alles Gute nur bedingt
und darum unvollkommen zu Teil wird". Mikr. III 579,

§ 2.
Über die Eigenschaften, die Macht und die Thätigkeit Gottes.

Da wir uns jetzt das Recht gesichert haben, in Gott eine
geistige Persönlichkeit zu sehen, so könnten wir uns leicht ver-
sucht fühlen, nach dem althergebrachten Schema der via eminentiae
und via negationis das Wesen dieser Persönlichkeit in eine Reihe
von Eigenschaften zu zerlegen. Lotze aber hält uns davon
zurück und begnügt sich damit, nach ganz besonderer Betonung
seiner Einzigartigkeit — er ist nämlich „nicht bloss einer im
Gegensatz zu den vielen, die als andere Exemplare eines allgemeinen Gottesbegriffs auch denkbar wären, sondern er ist
einzig, insofern es den allgemeinen Begriff gar nicht giebt, dem
seine Natur subsumierbar wäre". R. § 40 — sein Wesen
als den „Grund des ganzen Systems von Eigenschaften" zu
charakterisieren, „welche den Dingen in der Welt zukommen
können". R. § 40. Damit will er eigentlich sagen, dass es
ein müssiges Unternehmen sei, seine Natur durch eine stattliche
Summe von Prädikaten greifbar zu machen, hält es aber doch
nicht für unpraktisch, ihn in Anlehnung an den gewöhnlichen
Sprachgebrauch z. B. unveränderlich, ewig, gerecht zu nennen.

Wichtiger ist es ihm, seine Macht und Thätigkeit zu
beschreiben und uns dadurch einen Blick in das Innere der göttlichen Natur zu gestatten.

Zunächst berührt er unter dem Hinweis auf das in einem

früheren Kapitel erörterte allmächtige Walten des Absoluten
innerhalb der Welt die vielfach aufgeworfene Frage, ob Gott nicht
auch das Unmögliche möglich machen, ob er z. B. nicht bewirken
könne, dass $2 \times 2 = 5$ anstatt $= 4$ sei. Vgl. Mikr. III
586 ff. Diese Frage jedoch findet er nichts weniger als scharf-
sinnig. Denn sobald wir nur den Begriff des Möglichen in Beziehung auf Gott gebrauchen, setzen wir über ihn ein neues
höheres Prinzip. dem er selbst untergeordnet sei und nach dessen
Anweisung er das eine thun das andere aber lassen müsse. Unsere
Anschauung vom höchsten Wesen und seiner absoluten Selbst-
ständigkeit verbietet uns aber. ihn irgend einer verpflichtenden
Macht zu unterwerfen und für ihn einen schon vor ihm „gültigen
Gegensatz zwischen Möglichem und Unmöglichem anzunehmen".

In ähnlicher Weise erledigt er eine zweite Frage nach dem
Ursprung der ewigen Wahrheiten. Denn ebensowenig als wir
sie in einem Reiche für sich schwebend und neben oder ausser
Gott existierend denken. ebensowenig dürfen wir ihre Quelle
irgendwo anders suchen als gerade in dem inhaltvollen persönlichen Gott. der sie selbst hervorgerufen und nicht erst nachträglich ihre Existenz und ihre Gültigkeit für sich als bindend
und verpflichtend anerkannt hat. Denn dem „Ganzen der Wirklichkeit oder dem höchsten Einen. aus dem sie fliesst. kann
nicht die Gesamtheit der Wahrheit als eine im Leeren für sich
bestehende Macht vorangehen": die Wahrheiten sind nicht einmal. sondern gelten nur. und das. was wir als ihre Summe
zu betrachten gewohnt sind, ist eben die „Wirkungsweise der
Allmacht und nicht ihr Produkt". Mikr. III 582 f. 589. Sie
stammen also aus ihr. werden durch sie hervorgerufen. zwar nicht
zu einem besonderen Dasein vermöge einer That. sondern insofern
als sie gleichzeitig mit dem Sein Gottes einfach bestehen: „und
eine Anerkennung derselben seinerseits wäre gleichbedeutend mit
einem ewigen anfangslosen Wissen um seine eigene Natur".
R. § 41.

Wie aber setzt er ein derartiges Wissen in die That um,
in welcher Weise tritt seine im Sinne von ewigen Wahrheiten
sich vollziehende Thätigkeit nach aussen hin in die Erscheinung?

Wie haben wir mit anderen Worten seinen thätigen Einfluss auf die Welt zu verstehen, wie er sich verteilt auf Schöpfung, Erhaltung und Regierung derselben?

Vor seinem Geiste, so sucht z. B. Leibniz den Akt der Schöpfung sich zu veranschaulichen, schwebte eine unzählige Menge möglicher Welten, von denen er aber nur eine und zwar die gegenwärtige in Wirklichkeit umsetzte, weil sie ihm unter allen als die beste erschien. In dieser Auffassung bietet sich uns aber bloss eine Erklärung der Thatsache, dass gerade diese Welt ins Dasein gerufen wurde, und keine Einsicht in den Vorgang selbst, welcher den früheren Gedanken mit der späteren Thatsache innerlich verknüpft.

Andere suchen die Schöpfung zu verstehen, als eine mit unbedingter Notwendigkeit aus der Natur Gottes heraus sich vollziehende Emanation. Mit dieser Vorstellung jedoch statuieren sie eigentlich eine doppelte Entstehung der Welt in zwei verschiedenen Formen und innerhalb zweier verschiedener Perioden. Die eine fand ihren Abschluss in dem Augenblicke als eben der Prozess ihres Herausfliessens aus dem göttlichen Wesen abgelaufen war und sie fertig in ihre gegenwärtige Gestalt eintrat. Die andere führt uns auf irgend einen früheren Zeitpunkt zurück, als dieses Etwas, dieser Kern gebildet wurde, der später zerfliessend sich in die Gestalt unserer Welt ergoss. Diese Zersplitterung der Weltentstehung hüllt das wahre Wesen der Schöpfung in ein unerklärliches Dunkel.

Aus diesem Dunkel zeigt uns Lotze einen Ausweg. Nach ihm ist die Schöpfung eine bewusste That des göttlichen Willens; und zwar „erarbeitete dieser nicht den Erfolg, sondern ist dieser Erfolg". Mikr. III 589. „Als Erzeugnis seines Willens" können wir sie daher nicht bezeichnen, um nicht den „Gedanken einer besonderen Verwirklichungsthat zu wecken. Gewollt aber war die Welt dennoch durch Gott", ohne darum allerdings eine besondere Schöpfungsarbeit zu erfordern. Mikr. III 599. Der Wille hatte zu seiner Durchführung nicht mit irgend welchen Schwierigkeiten zu kämpfen, irgend einen Widerstand zu überwinden und das eine oder andere Hindernis aus dem Wege zu

räumen. Was er wollte, war damit: und die Welt trat in die
Wirklichkeit ein in dem Augenblicke, als sie gewollt wurde.
Auch war es nicht bloss eine flüchtige Regung der Laune, ein
Akt der Willkür Gottes, dem sie ihre Entstehung verdankte und
dem der Schöpfer selbst mit innerer Gleichgültigkeit zusah: vielmehr entsprang sie einem bewussten Willen und war eine Frucht
jener „expansiven Liebe, die zur Mitteilung ihrer Seligkeit an
andere drängt". R. § 52.

Denn sie ist nicht „ohne Anteil des Gemüts und ohne beständiges Interesse an ihr aus einem blossen gleichgültigen Willen
Gottes als thatsächliche Folge geflossen, sondern Gott befindet
sich mit ihr in beständigem Zusammenhang des Mitfühlens und
Miterlebens ihrer Ereignisse". R. § 32. Was aber war das, dem
sein Gemüt sich aufschloss, das er ins Leben rief, dass es wirklich sei? „Wirklich ist dasjenige, sagt Lotze, was einem endlichen Geiste als von ihm unabhängige Wahrnehmung gegeben
ist." R. § 18. Darnach hätte also die Verwirklichung des
Weltgedankens Gottes das Resultat, zur unabhängigen Wahrnehmung endlicher Geister zu werden. Und die „Schöpfung
würde sich daher dahin definieren lassen, dass Gott den Gedanken,
der zuerst nur sein eigener war, zum Gedanken anderer werden
lässt oder dass er diese Geisterwelt entstehen lässt, in welcher
sein beständiges Wirken jenen seinen Weltgedanken als die Erscheinung einer sie äusserlich umgebenden und von ihr wahr-
nehmbaren Stoffwelt vorgestellt werden lässt". R. § 18.

Diese Welt nun, einmal ins Leben gerufen durch Gott, ist
nicht dazu bestimmt, losgelöst von dem Willen Gottes selbständig
ihre eigenen Wege zu wandeln. Gott waltet stets in ihr und
sorgt für ihre Erhaltung. Und zwar thut er dies nicht in einer
stetig sich wiederholenden Neuschöpfung, die entweder eine unendliche Reihe verschiedener nach einander in ein Nichts ver-
sinkender Welten oder die fortwährende abwechselnd erfolgende
Auflösung und Wiederkehr ein und derselben Welt bedingte.
Vielmehr erfüllt er zur Erklärung jenes stets vorhandenen abge-
rundeten Systems harmonisch zusammenstimmender Ereignisse,
welche durch die Wechselwirkungen unzähliger verschiedener

Dinge hervorgerufen werden, als ewig thätiges Moment jene For-
derung, dass eine „beständige substantielle Einheit dieser vielen
Elemente vorhanden sein muss, ... um die beständige Verknüpfung der wechselnden Begebenheiten zu erklären", R. § 55.
Geschaffen hat er sie aus sich selbst heraus, er erhält sie dem-
gemäss auch durch sich selbst, indem er als lebendige Aktivität
mitten in ihr steht, sie durchdringt und belebt, als die allen
Elementen zu Grunde liegende, sie stets erneuernde und erhal-
tende unendliche Substanz. Eine Lücke in dieser unter bestimmten
der Natur Gottes entsprechenden Gesetzen stehenden Erhaltung
der Welt kann natürlich durch die vom religiösen Glauben sta-
tuierten Wunder nicht entstehen. Denn das Wunder zwingt uns
nicht, eine vorübergehende Aufhebung der Naturgesetze zu verlangen, die ja an und für sich nichts Reales, sondern bloss eine
Formel sind, welcher die Elemente jedes seiner Art und Grösse
entsprechend ihre Natur unterwerfen. Es weist uns vielmehr auf
Gott selbst zurück, auf seinen unmittelbaren die innere Natur
der Dinge umgestaltenden Einfluss, so dass „die Dinge nach
denselben allgemeinen Naturgesetzen die wunderbare Wirkung
hervorbringen, welche sie ohne seinen Einfluss nach diesen Gesetzen nicht erzeugen würden", R. § 57.

Die Frage nach der Weltregierung nun macht uns nicht mit
einem neuen modus agendi Gottes bekannt, führt uns nicht auf
ein neues Gebiet, auf dem Gott eine ganz besondere Thätigkeit
entfaltete, sondern hat es bloss mit dem „Inhalt der Ordnung"
zu thun, „die bereits durch die Schöpfung zur Entwicklung bestimmt war", R. § 60. Und Gottes Thätigkeit widmet sich der
Verwirklichung dieses Inhalts, wacht, herrscht über alle dazu erforderlichen Bewegungen der Welt, ohne seine Regierung an
einen successiven Verwirklichungsgang anzupassen, ohne überhaupt
an einen allmählichen Fortschritt der Welt zu einem bestimmten
Ziele hin gebunden zu sein. Denn das, was einmal sein Wille
will, kann nicht einer successiven Verwirklichung so bedürfen,
als wäre auch für Gott die verlaufende Zeit und der in ihm
stattfindende Weltlauf eine gegebene Bedingung, welcher er seine
Thätigkeit unterzuordnen hätte. Was er also seinem Inhalte nach

will, das hat dadurch bereits alle denkbare Wirklichkeit und braucht sie nicht erst zu erwerben" (R. § 61); und seine Welt-regierung ist wie die Durchführung „eines stets vollzogenen und stets sich vollziehenden Zwecks". R. § 64.

§ 3.
Gott als das wahrhaft Gute, die Liebe.

Die gesamte Mannigfaltigkeit der realen Welt betrachtet Lotze als den Ausdruck des Lebens des Absoluten, unseres Gottes, der allmächtig und allgegenwärtig in den ihm inhärierenden Aktionen nach bestimmten Gesetzen den Weltlauf regiert. Doch damit giebt er sich nicht zufrieden. „Es ist ein wahres Wort," sagt er, „dass Gott alles nach Mass und Zahl geordnet habe, aber nicht Masse und Zahlen ordnete er, sondern das, was Mass und Zahl zu haben verdiente oder verlangte; nicht ein in-haltsloses, wesenloses Reale, das nur bestimmt gewesen wäre, mathematischen Bestimmungen als Träger zu dienen und unbe-nannten Zahlen irgend eine Benennung zu geben; sondern der Sinn der Welt ist das Erste und ist nicht nur das, was jene Ordnung sich unterwarf, vielmehr aus ihm allein rührt das Be-dürfnis der Ordnung und der Gestalt her, in welcher sie ver-wirklicht ist". M. 603. In dem, was sein soll, liegt ihm die letzte, tiefste Wurzel aller Wirklichkeit, der Mannigfaltigkeit ihrer Formen sowohl als auch ihrer Gesetze. Und obwohl der mecha-nische Zusammenhang bei ihm eine so grosse Rolle spielt und fast den Schein einer eigenen selbständigen Grossmacht erweckt, lässt er ihm doch nur Knechtesdienste thun und betrachtet seine Stiftung als „die erste ethische That des Absoluten". Streitsch. 58. Alles existiert nur, insofern es existieren soll; und alles Sein ist uns nur erklärbar, insofern wir verstehen, dass es sein soll. Denn „nur die Einsicht in das, was sein soll, wird uns auch die eröffnen in das, was ist; denn kein Thatbestand, keine Ein-richtung der Dinge, kein Lauf des Schicksals wird es in der Welt geben können, unabhängig von dem Ziele und dem Sinne des Ganzen, aus welchem jeder Teil nicht allein sein Dasein,

sondern auch die wirkungsfähige Natur empfangen hat, auf welche
er stolz ist." Mikr. I. 428: oder prägnanter ausgedrückt „der
Anfang der Metaphysik liegt nicht in ihr selbst, sondern in der
Ethik." M. v. 41 S. 329. M. v. 79 S. 604. Nur das aber kann
der Sinn und Zweck der Welt sein, was einen Wert hat, und
„kein anderer Zweck als die Realisierung der höchsten Werte"
kann „das Motiv der Schöpfung und das Prinzip der Ordnung
in dem Geschaffenen sein." R. § 65. Dieses Wertvolle jedoch
kann nichts anderes sein als das Gute. Und das ist Lotzes
Grundüberzeugung, dass einzig und allein dies als hinreichender
Grund für den Inhalt alles Seins und Geschehens gelten kann.
Denn „die Apodikticität des Daseins kann nur dem Guten zugestanden werden." M. v. 41 S. 324: und „alles Sein, alles was
Form und Gestalt, Ding und Ereignis heisst, dieser ganze In-
begriff der Natur kann nur als die Vorbedingung für die Wirklichkeit des Guten gelten, kann, so wie es ist, nur deshalb sein,
weil nur so sich in ihm der unendliche Wert des Guten seine
Erscheinung gab." Mikr. I. 433, vgl. Streitschr. 54. Doch würde
dieses Gehaltreiche, dieses ideal Wertvolle oder Gute absolut
keinen Wert haben, wenn nicht jemand existierte, für den dieser
Wert vorhanden wäre, der diesen Wert fühlen könnte. Denn
„ein Wert, der von niemandem geschätzt wird, also für niemand
Lust oder Unlust bewirkt, ist . . . . . ein an sich widersprechen-
der Gedanke. R. § 88. Nun hatten wir gesehen, dass unter
Schöpfung nur eine Schöpfung von Geistern zu verstehen sei, die
eine neue Art von Wirklichkeit produzieren können. Nur mit
dieser Geisterwelt, innerhalb welcher die Welt in Erscheinungen
entsteht, können wir das Gute in Verbindung setzen und nur
insofern es für wirklich wertvoll halten, als es in ihr genossen
wird. „Wir werden daher den Zweck der Welt nur in etwas
suchen, was in den Geistern und durch sie oder für sie bestehen
und geschehen kann." R. § 64. Und „kein noch so tiefsinniges
Verhältnis zwischen Zuständen und Ereignissen, die nur geschähen,
ohne dass ihre Harmonie von irgend jemand genossen würde,
ist an sich ein Gut, und kein Wille wird dadurch gut, dass er
mit dem Bewusstsein der völligen Unfruchtbarkeit der Herstellung

solcher Verhältnisse sich dennoch ihr widmet." Mikr. III. 615.
Der ganze Wert aller Ereignisse, aller Zustände, des ganzen
Weltzusammenhangs und seiner Entwicklung besteht lediglich „in
dem Gefühl der Befriedigung oder der Lust, die wir von ihm
empfinden. In Bezug auf alle jene formalen Thatsachen kann
man fragen, warum eigentlich gerade sie und nicht andere in
der Welt sein sollen. Nur in Bezug auf die Lust oder die Seligkeit würde die Frage absurd, warum gerade sie und nicht lieber
das völlig Gleichgültige den letzten Zweck der Welt bilden solle."
R. § 66. Die Geisterwelt allein ist der Ort, in welchem es
Gutes und Güter giebt: für sie allein, zu ihrer Lust und ihrem
Genuss besteht die Erscheinung einer ausgedehnten Stoffwelt,
durch deren Form und Bewegungen der Gedanke des Weltganzen,
die Idee des Guten als Anschauung jedes endlichen Geistes zu
seinem Teile sich verständlich macht, ähnlich wie einst einer der
grössten Söhne unseres Volkes, Leibniz, seine seelischen Monaden Spiegel des Universums je auf ihrem Standorte nannte,
oder nicht so sehr abweichend auch J. G. Fichte in seiner späteren
Periode im schönen Bilde vom Augpunkt des unendlichen Geistes
aus es schilderte: Auf das Mannigfaltigste zerteilt und getrennt
schaue ich in allen Gestalten ausser mir mich selbst wieder und
strahle mir aus ihm entgegen, wie die Morgensonne in tausend
Tautropfen mannigfach gebrochen sich entgegenglänzt. Vgl.
Mikr III. 623.

Gott aber war es, der uns so geschaffen, dass bei uns das
absolute Wertvolle, das Gute seine Anerkennung fände, dass
wir es in Licht und Seligkeit geniessen könnten. Auf ihn, den
Urgrund alles Seins und Geschehens, blicken wir also auch hier
wiederum zurück. Ihm entstammt alles, auch das Gute, er, das
Absolute, muss daher auch das absolut Gute sein. Denn das
Gute, das sich unmittelbar für uns mit höchster unbedingter Wert-
schätzung verbindet, kann nicht eine blosse leere abstrakte Idee
sein; es beherrscht vielmehr als wirksamer Weltgedanke die
gesamte Wirklichkeit; es ist „die wahrhafte Substanz der Welt"
(M. v. II S. 326), die höchste lebendige Idee, „die um ihres
eigenen wertvollen Inhalts willen als das vor allem zu Reali-

sierende angesehen werden muss." Kleine Schr. I 272. Gott
ist also das Gute in seiner höchsten Potenz, der ewig schöpferische
Urgrund der höchsten Werte und die Welt ihm gegenüber nicht
ein Schauplatz starr gesetzlicher Bewegungen und Stösse blinder
stofflicher Elemente, ein lebloser Automat, eine Wirklichkeits-
maschine, sondern ein Reich lebendiger persönlicher Geister, in
denen volles warmes, konkretes Leben pulsiert, welche fühlen
empfinden, wollen und handeln, und sich selbst als lebendige
Teile und Geschöpfe des Einen wahrhaft Guten und Wirklichen,
des lebendigen persönlichen Geistes, Gottes, wissen und geniessen.
Wir sehen: „Gutes und Güter bestehen nicht als Güter und
Gutes ausserhalb des fühlenden, wollenden und wissenden Geistes;
sie haben nur als seine lebendigen Bewegungen Wirklichkeit. Das
Gute an sich ist dann genossene Seligkeit; die Güter, die wir so
nennen, sind Mittel zu diesem Guten, aber nicht selbst das Gute, ehe
sie in ihren Genuss verwandelt sind." Mikr. III 615. Ferner: Gott
ist das absolut Wertvolle, das Gute in seiner höchsten Potenz.
Darum ist Gott das Gute nur insofern, als es eben auch in
seinem Werte sich ihm unmittelbar kundgiebt, als er selbst die
Lust und Seligkeit fühlt, die es bewirkt. Darin liegt nun
wiederum, dass jenes Wertvolle doch nicht mit der erzeugten
Lust selbst identifiziert werden kann, sondern nur mit dem,
was die Ursache dieser Lust ist. Und zwar muss diese Ursache
die Lust als selbstverständliche Folge mit sich verknüpfen, wenn
nicht die alte Frage wiederkehren soll, warum gerade dies und
nichts anderes die Lust mit sich verbinden müsse. Das, worauf
wir hinaus wollen, kann also weder die Realisierung irgend eines
Thatbestandes noch eine Idee sein, sondern nur eine Gesinnung
und Willensrichtung, die nichts anderes als jene Lust zum Zwecke
hat. Unser religiöses Gefühl nennt sie die lebendige Liebe des
persönlichen Gottes! Sie ist eben das Gute an sich, das wir
suchen .... Sie ist das Einzige, das im eigentlichen Sinne
diesen Wert hat oder dieser Wert ist, und alles andere, Ent-
schlüsse, Gesinnungen, Handlungen und besondere Richtungen
des Willens, alles dies trägt nur abgeleiteterweise mit ihr denselben Namen des Guten." Mikr. III 615. Und „das Wirk-

liche, welches die lebendige Liebe ist, entfaltet sich in der Einen Bewegung, die dem endlichen Erkennen sich in die drei Seitenkräfte des Guten, welches ihr Ziel ist, des Gestaltungstriebes, der es verwirklicht, und der Gesetzlichkeit zerlegt, mit welcher dieser die Richtung nach seinem Zwecke innehält". Mikr. III 616.

Auf den Liebeswillen Gottes also ist alles in seinem letzten Grunde zurückzuführen, sowohl die Schöpfung der Geisterwelt, in deren Innern sich die Herrlichkeit Gottes und die Herrlichkeit der Welt als ein mannigfacher Genuss reflektiert, als auch die gesamte Erscheinungswelt und ihre Ordnung, die nur ein Mittel sind zur Realisierung der göttlichen Zwecke. Und „die Thätigkeit Gottes" wäre „in die unerschöpfliche Produktion von Formen zu setzen, die dann, wenn unsere Reflexion sie vergleicht, auf diesen vorgesetzten Zweck der allgemeinen Lust berechnet scheinen, während jede von ihnen unmittelbar selbst einen speziellen Wert darstellt, der für Gott selbst der Inhalt einer ganz bestimmten Lust ist und von dem endlichen Geiste annähernd nachgefühlt wird." R. § 67.

Trotz dieses aus dem Motiv der Liebe entspringenden Thuns und Handelns Gottes können wir es nicht leugnen, dass sich innerhalb der von ihm geleiteten Welt ein Moment seine Stelle gefunden, das mit dem bisher entworfenen idealen Bild unseres Gottes in grellem Widerspruch zu stehen und einen providentiell geordneten Zusammenhang einer lückenlosen Verwirklichung des höchsten Gutes vollkommen zu sprengen scheint. Wir meinen nämlich die unumstössliche Thatsache der Existenz des Übels in der Welt. Mag man dasselbe auch auf ein mathematisches Minimum auf den „Mangel eines Guten" zurückführen und dadurch zu erklären suchen, mag man seinen Wert oder Unwert relativ nennen und von dem zufälligen Standpunkte des jeweiligen Beurteilens abhängig machen, Thatsache ist und bleibt, dass eben das, was wir Übel nennen, uns, den empfindenden Geistern, Unlustgefühle oder Schmerz erregt; und damit scheint uns der Liebeswille Gottes, der nur das Gute zu verwirklichen strebt, in entschiedenem Widerspruche zu stehen.

Jedenfalls dürften wir uns nicht dazu bewegen lassen, den

Ursprung des Bösen jenseits der Machtvollkommenheit Gottes zu suchen und aus einem unserem Gott entgegengesetzten Prinzip herzuleiten. Dieser Dualismus würde uns auf ein drittes übergeordnetes Wesen zurückweisen, das nach dem Zusammentreffen des guten und bösen Prinzips die Entwickelung des Weltlaufs bestimmt. ' Durch die Annahme dieses dritten Wesens aber wären wir wieder bei einem Gotte angelangt, dem Gutes und Böses in gleicher Weise entstammte und der aus diesem Grunde nach dem Vorhergehenden für die höchste Stelle in einem Reiche der Liebe durchaus ungeeignet wäre.

Auch der Ausweg, den Leibniz in der Methode der besten Welten gefunden zu haben scheint, ist unserem Philosophen unzureichend. Denn die unter einer Vielheit von Welten ausgewählte, relativ beste, zur Existenz gerufene Welt ist dadurch, dass sie in die Wirklichkeit eintritt, noch nicht die absolut vollkommenste. An ihr hattet immer noch der Charakter der Endlichkeit und dieser bringt es mit sich, dass sie nicht vollkommen gut und in allen Entwicklungen und Ereignissen eine Verwirklichung des Guten sein kann. Und „Endlichkeit", meint Lotze, „kann allenfalls einen Mangel an Gutem motivieren, aber niemals begründen, dass dieser Mangel selbst die positive Form des Übels annähme." R. § 77.

Eine andere von Weisse gebotene Erklärung geht auf die ewigen Wahrheiten zurück, die sich mit derselben Denknotwendigkeit dem Verstande Gottes aufnötigen sollen, wie dem endlichen Geiste, und dadurch eine Beschränkung seiner Allmacht und zugleich die Unvermeidlichkeit des Übels herbeiführen. Auch mit dieser Annahme vermag sich Lotze nicht zu befremden. Denn nach einer früheren Erörterung über das Verhältnis Gottes zu dem Reiche der ewigen Wahrheiten ist es ihm ganz unmöglich, diesen Gott unter den direkten das Übel begründenden Einfluss von ausser oder über ihm wie ein drohendes Verhängnis schwebender Wahrheiten zu stellen.

Der Hinweis auf die Freiheit der Geisterwelt, welche man für das Böse verantwortlich machen möchte, erledigt unsere Bedenken nur teilweise. Er böte uns nämlich die Entstehung der

Sünde innerhalb der Geisterwelt, liesse es aber auf der anderen
Seite vollkommen in Dunkel gehüllt, wie nun das physische
Übel innerhalb der Natur damit zusammenhinge.

Einer anderen Ansicht, welche die Zulassung des Übels zur
Quelle des Guten, zu einem Mittel der göttlichen Erziehung des
Menschen machen und dadurch die Existenzberechtigung des
Bösen erweisen möchte, steht Lotze ebensowenig sympathisch
gegenüber. Ihm ist und bleibt das Dasein des Übels ein un-
gelöstes Rätsel: in seiner Weltanschauung muss er ihm eine
Stelle einräumen, da er es nicht leugnen kann: freilich ist es
eine sehr einsame Stelle, die er ihm anweist, isoliert und ohne
Zusammenhang mit dem Ganzen seiner übrigen philosophischen
Ansichten. Aber er muss es dulden wie einen Fremdling in
seinem Hause, von dem er nicht weiss, woher er kommt und
wohin er geht, der aber da ist. Doch macht er wenigstens noch
einen Versuch, die entstandene Lücke zwar nicht auszufüllen,
aber doch über ihre Unausfüllbarkeit sich zu trösten, indem er
sagt: „Hieraus folgt nun und das ist es, was hier ganz bestimmt
ausgesprochen werden muss, dass es durchaus keine theoretische
oder spekulative Lehre giebt, welche in Wahrheit das Dasein des
Übels mit dem Begriffe des durchaus guten Gottes in Einklang zu
setzen vermöchte. Sind wir dennoch von der Lösbarkeit dieses
Rätsels überzeugt, so müssen wir wenigstens Ernst machen mit
einem oft gehörten Ausdruck, nämlich wirklich in einer durchaus unerforschlichen Weisheit Gottes den Grund für diese
uns unverständliche Führung zu suchen." R. § 79.

Hiermit schliesst Lotze seine Ausführungen über die Gottheit ab. Und das hohe Gebäude seiner systematisch begründeten
Lehre vom Absoluten erleidet durch die vielleicht unbefriedigende
Lösung der zuletzt behandelten Seitenfrage keinerlei Erschütterung.
Das Absolute bleibt ihm das wahrhaft Wirkliche, das ist und
sein soll, das die gesamte Wirklichkeit in sich hegt und trägt,
die unendliche Substanz, der alle Einzelwesen als Aktionen,
Modifikationen oder Accidentien anhaften und dadurch den Schein
einer Substanz erwecken, der persönliche lebendige Geist, der die
Welt persönlicher Geister geschaffen nicht als unselbständige

Naturprodukte, sondern als freie Kinder Gottes, endlich das absolut Wertvolle, das wahrhaft Gute, die unendliche Liebe, die
zur Lust und Seligkeit der persönlichen Geister die Erscheinung
einer ausgedehnten Stoffwelt ins Leben gerufen und ihnen als
Ideal vor Augen gestellt hat, das höchste Gut nicht in blosser
Selbstbefriedigung zu suchen, sondern „in der Hoffnung von Gott
geliebt zu sein". R. § 91. Vergl. Kleine Schr. II 332. Wie
freilich die Wirklichkeit in dieser ewigen Liebe ruht, das darzu-
thun, ist eine für die Wissenschaft unlösbare Aufgabe: wir müssen
uns trösten mit dem Gedanken, den ein holländischer Zeitgenosse
unseres Philosophen (Opzoomer) im Geiste Lotzes und mit den
Worten Göthes zur Warnung vor einer sich selbst überfliegenden
Philosophie also ausgedrückt hat:

„Das schönste Glück des denkenden Menschen ist, das Er-
forschliche zu erforschen und das Unerforschliche ruhig zu ver-
achten". Vgl. van der Wijck, Zeitschr. f. Phil. u. phil. Kr.
Bd. 106. S. 14.

Lebenslauf des Verfassers.

Geboren zu Gemünden, Kreis Simmern, als erster Sohn des Volksschullehrers Friedrich Schäfer, jetzt Hauptlehrer in Waldböckelheim, und seiner Ehefrau Rosina geb. Dümmler, am 11. Mai 1871 verlebte ich meine Kinder- und Schulzeit zu Waldböckelheim, besuchte von hier aus das Progymnasium zu Sobernheim und das Gymnasium zu Kreuznach und bestand auf letzterem das Abiturientenexamen Ostern 1890. Nach vollendeten theologischen und philosophischen Studien zu Halle, Berlin, Bonn und Utrecht legte ich im Oktober 1893 das erste und im Mai 1895 das zweite theologische Examen vor dem Königl. Konsistorium zu Koblenz ab, studierte dann bis zu den Herbstferien in Erlangen Philosophie und Theologie und trat im Oktober in das Predigerseminar in Soest ein.